명심보감

명심보감

이상호 옮김

신라출판사

명심보감을 읽기 전에

<명심보감(明心寶鑑)>이란 '마음을 밝혀주는 보배로운 거울'이란 뜻을 가진 삶의 교훈서이다.

옛날 서당 교육이 이루어지던 시기에 우리의 조상들은 <천자문>, <사자소학>을 배우고 난 뒤 기본적 교재로 채택한 것이 바로 <명심보감>이었다. 이후 세월이 흘러 교육제도가 끊임없이 바뀌었지만 영원한 베스트셀러로 국민들에게 사랑을 받아온 책이 <명심보감>이다.

이 책의 원본은 1393년 중국 명나라의 범립본(范立本)이 자녀 교육과 사회 안정을 위해 편찬한 <명심보감>(상, 하)을 고려 충렬왕 때 예문관 제학을 지낸 노당(露堂) 추적(秋適)이 편찬한 것이다.

<명심보감>은 선행에 관한 '계선편(繼善篇)' 하늘의 뜻을 받들어 살라는 '천명편(天命篇)' 주어진 천명에 따라야 한다는 '순명편(順命篇)' 어버이에게 효도해야 한다는 '효행편(孝行篇)' 바르게 살아야 한다는 '정기편(正己篇)' 자신의 직분, 환경, 조건 등에 만족하여 편안한 삶을 살기를 권하는 '안분편(安分篇)' 남에게 관대하고 자신에게 엄격하라는 '존심편(存心篇)' 등으로 구성되어 있다.

그리고 여기에 인용되는 인물과 저작물은 매우 광범위하다. 공자 · 맹자 등의 유가 사상가, 장자 · 열자 등의 도가 사상가, 태공 · 사마광 등의 정치가, 당 태종, 송 휘종 등의 제왕들, 도연맹 · 소동파 등의 문인들 주돈이 · 정호 · 정이 · 주희 등의 유명한 송대 성리학자들, 그리고 도교의 여러 신선들에 이르기까지 다양한 분야의 사람들의 금언과 격언, 그리고 좌우명 등을 실었다. 또한 여기에 인용되는 서적은 <시경>(최초의 시집), <서경>(최초의 정부 문서), <주역>(점술서), <예기>, <사기> 등 다양한 책들이 발췌본으로 쓰이고 있다.

　사람은 세상에 태어나는 순간 수많은 관계를 맺게 된다. 부모와 자식 관계, 형과 아우 관계, 남편과 아내 관계, 그리고 나아가 스승과 제자 관계, 친구들과의 관계, 직장에서의 상하 관계 등이 그것이다. 이러한 관계는 사람이 살아가는 기본적인 바탕이 된다. 따라서 올바른 관계를 맺지 못하면 그 어떤 것도 불가능하다. <명심보감>은 인간과 인간이 어떻게 지혜롭게 관계해 나가야 하는지 가르치는 책이다.

　물론 수백 년 전에 씌어진 것이라 현대의 시각으로 보면 시대착오적인

부분이 없지 않다. 예를 들자면 여성이 지녀야 할 덕목에 대해서는 세세하게 씌어져 있지만 남성에 한해서는 그러한 부분을 찾기 힘들다.

그러나 삶의 보편적인 가치와 함께 인간의 기본적인 도리는 시대가 변해도 늘 그 자리를 지키고 있다. 이 책은 시대를 초월하여 변하지 않는 최고의 진리를 묶은 책으로, 오롯한 삶의 기쁨을 선사할 것이다. 아무튼 독자는 이 책과 함께 삶의 큰 진리를 체득하길 바란다.

이상호

차례

계선편
繼善篇

이 편은 꾸준한 선행(善行)을 가르치고 있다

子 曰 爲善者는 天報之以福하고

爲不善者는 天報之以禍니라

(자 왈 위선자 천보지이복 위불선자 천보지이화)

(한자풀이) 善(착할 선)　報(갚을 보)　福(복 복)　禍(재화 화)

(숙어풀이) 爲善者 : 착한 일을 하는 사람
爲不善者 : 나쁜 일을 하는 사람
報之以福 : 복으로써 보답하다
爲不善者 : 나쁜 일을 하는 사람

(해설) 공자가 말하기를, "착한 일을 하는 사람에게는 하늘이 복을 내리고 나쁜 일을 하는 사람에게는 하늘이 재앙을 내린다."고 하였다.

　이 세상에는 악한 일을 저지르고도 부귀를 누리며 잘 사는 사람도 있다. 그러나 그 부귀는 결코 오래가지 못한다. 하늘의 척도는 그 폭이 넓고 헤아리는 시간이 길기 때문에 당장 눈앞에 나타나지 않을 뿐이다. 이것이 자연의 법칙이요 하늘의 이치이니, 자기 자신을 위해서 악행을 버리고 선행을 끊임없이 실천할 것을 강조한 교훈이다.

(참고) 공자(孔子) : 중국 춘추시대 말기 노(魯)나라에서 태어났다. 이름은 구(丘)이며 자는 중니(仲尼). 공자는 최고의 덕을 인(仁)이라고 보고, 인은 "사람을 사랑하는 것"이라고 정의했다. 모든 사람이 인덕(仁德)을 지향하고, 인덕을 갖춘 사람만이 정치적으로 높은 지위에 앉아 인애(仁愛)의 정치를 한다면, 세계의 질서도 안정을 찾을 수 있다고 생각했던 것이다. 그 수양을 위해 부모와 연장자를 공손하게 모시는 효제의 실천을 가르치고, 이를 인의 출발점으로 삼았다.

漢昭烈이 將終에

勅後主 曰 勿以善小而不爲하고

勿以惡小而爲之하라

(한소열 장종 칙후주 왈 물이선소이불위 물이악소이위지)

한자풀이 漢(한나라 한)　昭(밝을 소)　烈(매울 렬)　將(장차 장)
　　　　終(마칠 종)　勅(조서 칙)　惡(악할 악)　而(말 이을 이)

숙어풀이 將終 : 죽음에 이를 때

　　　　後王 : 다음 왕. 유비의 아들 유선(劉禪)

　　　　勿~不爲 : ~하지 않으면 안된다. ~해야 한다

해설 한나라 소열황제가 죽음에 이르러 아들에게 이르기를, "착한 일은 아무리 작다고 하여도 반드시 하고, 나쁜 일은 작다고 하여도 행하면 안된다."하였다.

　이는 <삼국지>의 인물로 알려진 유비가 임종하기 전에 아들에게 경계하여 이른 유언이다. 우리는 하루를 사는 데에도 수많은 행동을 한다. 일생을 통해서 보면 대개가 사소한 일들이다. 그래서 사람들은 사소한 일이면 무시해 버리기 쉽다. 그러나 작은 선행이 쌓여 큰 선행이 되고, 작은 악행이 쌓여 큰 악행이 되듯이 아무리 작은 선행이라도 그냥 지나쳐버리지 말 것이며, 아무리 작은 악행이라도 결코 해서는 안 된다.

참고 소열황제(昭烈皇帝) : 소열황제는 유비를 말한다. 유비의 자는 현덕(玄德)이고, 소열(昭烈)은 그의 시호이다. 관우(關羽), 장비(張飛)와 의형제를 맺고 삼고초려(三顧草廬) 끝에 제갈량(諸葛亮)을 맞아 손권(孫權)과 동맹하여 조조의 대군을 대파하였다.

莊子 曰 一日不念善이면

諸惡이 皆自起니라

(장자 왈 일일불념선 제악 개자기)

(한자풀이) 莊(장엄할 장)　念(생각 념)　諸(모두 제)　皆(다, 모두 개)
自(스스로 자)　起(일어날 기)

(숙어풀이) 念善 : 착한 일을 생각하다
諸惡 : 모든 악
自起 : 스스로 일어난다

(해설) 장자가 말하기를, "하루라도 착한 일을 생각하지 않으면 온갖 악한 것이 다 저절로 일어난다." 고 하였다.

　선과 악은 항상 마음속에서 싹트고 그것은 바로 행동으로 나타난다. 생각이 바뀌면 마음이 바뀌게 되고 마음이 바뀌면 행동이 바뀌게 마련이다. 그러므로 단 하루라도 착한 일을 생각하지 않으면 온갖 나쁜 생각들이 스스로 일어나 인간의 마음을 흐리게 한다.

(참고) 장자(莊子) : 이름은 주(周)이고 자는 자휴(子休)이다. 중국 전국시대 송(宋)나라 사람으로 노자(老子)의 학설을 근본으로 도가(道家)의 기초를 이룩하였다. 저서로 <장자(莊子)>가 있는데 원래는 52편이었으나 진나라 곽상이 정리한 33편만 전한다.

太公 曰 見善如渴하고 聞惡如聾하라

又 曰 善事須貪하고 惡事莫樂하라

(태공 왈 견선여갈 문악여롱 우 왈 선사수탐 악사막락)

(한자풀이) 渴(목마를 갈)　聾(귀머거리 롱)　須(모름지기 수)
　　　　　貪(탐할 탐)　莫(말 막)　　樂(즐거울 락)

(숙어풀이) 見善 : 착한 일을 보다
　　　　　如渴 : 목마를 때 물 마시듯하다
　　　　　聞惡 : 나쁜 일을 듣다
　　　　　如聾 : 귀머거리가 된 듯하다
　　　　　須貪 : 모름지기 탐하다

(해설) 태공이 말하기를, "착한 일을 보거든 목마를 때 물을 보듯이 하고, 나쁜 일을 듣거든 귀가 먹은 것같이 하라. 또 착한 일은 모름지기 탐내야 하고 나쁜 일은 즐거워하지 말라."고 하였다.

이 글은 좋은 일과 나쁜 일은 어떻게 해야 하는지를 일깨워주고 있다. 근묵자흑(近墨者黑)이라는 말처럼 먹을 가까이하면 검어지듯이 좋지 못한 사람과 가까이 지내게 되면 그를 닮아 나쁜 일을 저지르기 마련이니 악한 일은 멀리하고 선한 일은 가까이 해야 할 것이다.

(참고) 태공(太公) : 주(周)나라 초기의 정치가로 이름은 강상(姜尙)이다. 위수(渭水)에서 낚시를 하다가 문왕을 만났는데 문왕의 할아버지인 고공단보가 기다린 현자라 하여 태공망(太公望)이라 부르고 그를 스승으로 삼았다. 후에 문왕의 아들 무왕을 도와 은(殷)나라를 멸망시키고 그 공으로 제(齊)나라의 제후가 되어 그 시조가 되었다. 저서로 <육도(六韜)>가 있다.

馬援 曰 終身行善이라도 善猶不足이요
一日行惡이라도 惡自有餘니라

(마원 왈 종신행선 선유부족 일일행악 악자유여)

한자풀이 援(구원할 원) 身(몸 신) 猶(오히려 유) 餘(남을 여)

숙어풀이 終身 : 평생토록. 목숨이 다 할 때까지
　　　　　猶不足 : 오히려 부족하다
　　　　　自有餘 : 스스로 남음이 있다

해설 마원이 말하기를, "평생 착한 일을 행하여도 착함은 오히려 부족하고, 단 하루 악한 일을 행하여도 악한 일은 저절로 남는다." 고 하였다.

　선(善)이란 평생토록 하여도 오히려 부족하고 악(惡)이란 단 하루를 하여도 그 악함은 사라지지 않고 두고두고 남는 것이다. 단 한번의 악한 행위가 자신뿐만 아니라 다른 사람에게까지 그 영향을 미칠 수 있으니 평소 선한 마음을 가지도록 노력해야 한다.

참고 마원(馬援) : 자는 문연(文淵). 중국 후한(後漢) 때 이름난 장군이다. 광무제(光武帝)를 도와 많은 전공을 세웠다. 저서로는 <동마상법(銅馬相法)>이 있다.

司馬溫公이 曰 積金以遺子孫이라도 未必 子孫이 能盡守요 積書以遺子孫이라도 未必 子孫이 能盡讀이니 不如 積陰德於冥冥之中하야 以爲子孫之計也니라

(사마온공 왈 적금이유자손 미필 자손 능진수 적서이유자손 미필 자손 능진독 불여 적음덕어명명지중 이위자손지계야)

(한자풀이) 司(맡을 사)　溫(따뜻할 온)　積(쌓을 적)　遺(남길 유)
盡(다될 진)　冥(어두울 명)　讀(읽을 독)　陰(응달 음)

(숙어풀이) 積金 : 돈을 모으다
有子孫 : 자손에게 남겨주다
未必 : 반드시 ~하지 않는다
能盡守 : 다 지킬 수 없다
不如 : ~한 것만 못하다
陰德 : 남모르게 한 덕행
冥冥之中 : 어둠 가운데, 보이지 않는 가운데

(해설) 사마온공이 말하기를, "돈을 모아 자손에게 물려주더라도 자손이 반드시 다 지킨다고 볼 수 없으며, 책을 모아서 자손에게 물려주더라도 자손이 반드시 다 읽는다고 볼 수 없다. 남모르는 가운데 덕을 쌓아서 자손을 위하는 것만 못하다."고 하였다.

'남을 위해 좋은 일을 하는 집에는 반드시 경사스러운 일이 생긴다' 라는 말이 있다. 이는 자손들을 잘살게 하는 길이 많은 유산이나 학식을 남기는 것이 아니라 평소에 옳은 일을 많이 해야 한다는 뜻이다. 또한 그 선행을 사람들에게 드러낼 것이 아니라 남모르게 행한다면 그 복이 자손 대대로 이어지게 된다.

참고 사마온공(司馬溫公) : 중국 북송(北宋) 때의 유명한 정치가로 이름은 광(光), 시호는 온공(溫公)이다. 왕안석(王安石)의 신법을 반대하여 실격하였다가 철종 때 다시 벼슬에 올라 전권을 쥐면서 신법을 모두 폐지하였다. <자치통감(資治痛鑑)>을 지었다.

景行錄 曰 恩義를 廣施하라

人生何處不相逢이니 讐怨을 莫結하라

路逢狹處면 難回避니라

(경행록 왈 은의광시 인생하처불상봉 수원막결 노봉협처 난회피)

(한자풀이) 景(볕 경)　　錄(기록할 록)　　恩(은혜 은)　　施(베풀 시)
　　　　　逢(만날 봉)　　讐(원수 수)　　怨(원망할 원)　　狹(좁을 협)
　　　　　避(피할 피)　　難(어려울 난)

(숙어풀이) 恩義 : 은혜와 의리
　　　　　廣施 : 널리 베풀다
　　　　　何處 : 어느 곳
　　　　　讐怨 : 원수와 원한

(해설) 경행록에 이르기를, "은혜와 의리를 널리 베풀어라. 사람이 살면서 어느 곳에서든지 서로 만나지 않겠는가? 원수가 될 만큼 원한을 맺지 말라. 길 가다 좁은 곳에서 만나면 피하기 어려운 것이다." 고 하였다.

　사람은 언제나 은혜와 의리를 널리 베풀어야 한다. 누군가가 곤경에 처했을 때 그 은혜와 의리를 받는다면 그것은 평생 잊지 못할 것이다. 반면에 '원수는 외나무다리에서 만난다' 라는 말처럼 남에게 해를 끼치거나 원한을 사게 되면 언제 어디에서 무슨 일을 당하게 될지도 모르는 일이다.

(참고) 경행록(景行錄) : 중국 송(宋)나라 때 지어진 책으로 지금은 전해지지 않는다.

莊子 曰 於我善者도 我亦善之하고 於我惡
者도 我亦善之니라 我旣於人에 無惡이면 人
能於我에 無惡哉인저

(장자 왈 어아선자 아역선지 어아악자 아역선지 아기어인 무악 인능
어아 무악재)

<u>한자풀이</u> 我(나 아)　亦(또 역)　旣(이미 기)　哉(어조사 재)

<u>숙어풀이</u> 於我 : 나에게
　　　　 我亦 : 나 또한
　　　　 善之 : 착하게 대하다
　　　　 於人 : 남에게

<u>해설</u> 장자가 말하기를, "나에게 착한 일을 하는 자에게도 나 또한 착하
게 하고, 나에게 악한 일을 하는 자에게도 역시 착하게 대할 것이다. 내가
이미 남에게 악하게 아니하였으면 남도 나에게 악하게 할 수 없을 것이
다."고 하였다.

　나에게 선하게 하는 사람에게 나 역시 선하게 하기는 쉽다. 하지만 나
에게 해를 끼치는 사람에게는 선하게 대하기란 그리 쉬운 일은 아닐 것이
다. 그러나 이를 상관하지 않고 상대방에게 선하게 대한다면 상대방도 나
에게 해를 끼치지는 않을 것이다.

東岳聖帝 垂訓에 曰 一日行善이면 福雖未
至나 禍自遠矣요 一日行惡이면 禍雖未至나
福自遠矣라 行善之人은 如春園之草하여 不
見其長이나 日有所增이요 行惡之人은 如磨
刀之石하여 不見其損이나 日有所虧니라

(동악성제 수훈 왈 일일행선 복수미지 화자원의 일일행악 화수미지
복자원의 행선지인 여춘원지초 불견기장 일유소증 행악지인 여마도지
석 불견기손 일유소휴)

(한자풀이) 岳(큰 산 악)　垂(드리울 수)　訓(가르칠 훈)　雖(비록 수)
至(이를 지)　園(동산 원)　增(더할 증)　磨(갈 마)
損(덜 손)　虧(이지러질 휴)

(숙어풀이) 垂訓 : 후세에 전하는 교훈
未至 : 오지 않다
自遠 : 저절로 멀어지다
春園之草 : 봄동산의 풀
磨刀之石 : 칼을 가는 숫돌
日有所虧 : 나날이 닳는 바

(해설) 동악성제가 수훈에 이르기를, "하루 착한 일을 했을지라도 복이 비
록 바로 오는 것은 아니지만 화는 저절로 멀어지는 것이요, 하루 악한 일

을 했을지라도 화는 비록 바로 오는 것은 아니지만 복은 저절로 멀어진다. 착한 일을 행하는 사람은 봄 동산에 풀처럼 자라나는 것이 보이지 않으나 매일 자라는 것이 있고, 악을 행하는 사람은 마치 칼을 가는 숫돌처럼 닳아 없어지는 것이 보이지는 않으나 매일 줄어드는 것과 같다." 고 하였다.

한두 번 선행을 했다고 당장에 복을 받는 것은 아니다. 마찬가지로 한두 번 악행을 저질렀다고 당장 그 자리에서 무슨 나쁜 일이 벌어지는 것도 아니다. 선이란 봄 동산의 풀처럼 자라는 것이 눈에 보이지는 않지만 매일 조금씩 자라 언젠가는 꽃을 피우고, 악은 칼을 가는 숫돌처럼 매일 닳지만 그 닳는 것이 보이지 않아 그동안의 노력이 모두 사라지게 된다. 선을 계속 쌓으면 앞으로 닥쳐올 재앙을 멀리하게 되고, 악을 계속 쌓으면 다가올 복은 자연히 멀어지게 마련이다.

참고 동악성제(東岳聖帝) : 도교에서 받드는 신선으로 태산부군(泰山府君)이라고도 한다.

子曰

見善如不及하고 見不善如探湯하라

(자 왈 견선여불급 견불선여탐탕)

(한자풀이) 及(미칠 급)   探(더듬을 탐, 찾을 탐)   湯(물 끓을 탕)

(숙어풀이) 如不及 : 미치지 못함과 같다

探湯 : 끓는 물을 만지다

(해설) 공자가 말하기를, "착한 것을 보거든 미치지 못함을 애태우듯 하고, 악한 것을 보거든 끓는 물을 만지는 것과 같이 하라." 고 하였다.

선이란 끝이 없는 것이다. 누군가의 선행을 보았다면 자신의 부족함을 반성하여 더욱더 선행에 힘쓰고, 악행을 보았다면 마치 끓는 물 속에 손을 댄 것처럼 좋지 못한 일에는 재빨리 손을 떼고 멀리하라는 교훈이다.

천명편
天命篇

이 편은 하늘의 뜻에 순종하며 살아갈 것을 가르치고 있다

孟子 曰

順天者는 存하고 逆天者는 亡이니라

(맹자 왈 순천자 존 역천자 망)

한자풀이 孟(맏 맹)　順(따를 순)　逆(거스를 역)

숙어풀이 順天子 : 하늘의 뜻에 순종하는 사람

逆天子 : 하늘의 뜻을 거역하는 사람

해설 맹자가 말하기를, "하늘의 뜻에 순종하는 자는 살고, 하늘의 뜻을 거역하는 자는 망할 것이다." 고 하였다.

여기서 하늘은 단순히 자연의 하늘이 아니다. 눈에 보이지 않는 어떤 존재의 하늘인 것이다. 예부터 인간은 하늘이 생사와 화복을 결정한다고 믿었다. 하늘을 두려워하며 대자연의 섭리를 거스르지 않고 선과 정의를 실천한다면 살 것이고, 반대로 악과 불의를 저지르면 망할 것이라고 했다.

참고 맹자(孟子) : 중국 전국시대의 사상가. 이름은 가(軻)이고 자는 자여(子輿)이다. 그의 어머니가 그의 교육을 위해 세 번 이사했다는 '맹모삼천지교(孟母三遷之敎)'는 유명한 고사이다. 공자의 손자인 자사(子思)의 문하에서 공자의 사상을 배운 맹자는 인의예지(仁義禮智)의 네 가지 덕이 인간의 본성이라는 성선설(性善說)을 주장하였다. 이는 순자(荀子)의 성악설(性惡說)과 대립되어 후세에까지 그 영향을 끼쳤다. 저서로 <맹자(孟子)>가 전한다.

邵康節先生이 曰 天聽이 寂無音하니

蒼蒼何處尋고 非高亦非遠이니

都只在人心이니라

(소강절선생 왈 천청 적무음 창창하처심 비고역비원 도지재인심)

(한자풀이) 康(편안할 강) 邵(높을 소, 고을이름 소)   聽(들을 청)
　　　　　寂(고요할 적) 蒼(푸를 창) 尋(찾을 심) 只(다만 지)

(숙어풀이) 天聽 : 하늘을 따르다
　　　　　寂無音 : 조용하여 소리가 없다. 말이 없다
　　　　　蒼蒼 : 푸르고 푸르다
　　　　　何處尋 : 어디에서 찾을까
　　　　　亦非遠 : 멀리 있지 않다
　　　　　都只 : 모두가 오직(다만)
　　　　　在人心 : 사람 마음속에 있다

(해설) 소강절선생이 말하기를, "하늘(의 뜻)을 따르려 하나 고요하고 소리가 없으니, 푸르고 아득하여 어느 곳에서 찾을 것인가. 높지도 않고 또 멀지도 않다. 모두가 사람의 마음속에 있는 것이다." 고 하였다.

하늘은 말이 없다. 그저 푸르고 푸르기만 하다. 그러면서도 우주 공간의 대자연을 다스리고 착한 일을 하는 사람에게는 복을 주고, 악한 일을 하는 사람에게는 재앙을 내린다. 그렇다면 과연 이런 하늘은 어디에 있는 것일까? 즉 하늘의 뜻과 도리는 끝없이 높은 곳에 있는 것도 아니고 끝없이 먼 곳에 있는 것도 아니다. 그것은 바로 사람들의 마음속에 있는 것이다. 그러므로 착한 마음과 바른 마음은 바로 하늘의 뜻이며 도리이니 이러한 마음에 따라 말하고 행동하는 것이 하늘에 순응하는 길이며 복을 받는 길이다.

참고) 소강절(邵康節) : 중국 북송 때의 사상가. 이름은 옹(雍)이고 자는 요부(堯夫), 호는 강절(康節) 또는 안락선생(安樂先生)이다. 일생동안 벼슬에 나아가지 않고 학문에만 전념하였다. 그는 천문(天文), 역수(易數)에 정통하였고 도가사상의 영향을 받아 역철학(易哲學)을 발전시켜 선천상수학(先天象數學)을 제창하였다. 저서로는 <황극경세(皇極經世)>, <이천격양집(伊川擊壤集)> 등이 있다.

玄帝垂訓에 曰

人間私語라도 天聽若雷하고

暗室欺心이라도 神目如電이니라

(현제수훈 왈 인간사어 천청 약뢰 암실기심 신목 여전)

한자풀이 玄(검을 현)   若(같을 약)   雷(우뢰 뢰)   暗(어두울 암)
室(집 실)   欺(속일 기)   電(번개 전)

숙어풀이 私語 : 사사로운 말. 사적인 말
若雷 : 우레와 같다(크다)
欺心 : 자기의 마음을 속이다
神目 : 신을 본다
如電 : 번개와 같다(밝다)

해설 현제 수훈에 말하기를, "사람들이 사사로이 하는 말도 하늘이 듣는 것은 우레처럼 크게 들리고, 어두운 방 속에서 마음을 속여도 신은 번개처럼 밝게 본다." 고 하였다.

우리가 아무 생각 없이 혼자 하는 말이라도 하늘을 우러러 부끄럼이 없어야 하고, 아무도 없는 은밀한 곳에 혼자 있어도 자신의 양심을 속여서는 안 된다는 교훈이다. 남이 듣지 않고 보지 않는 곳일수록 더욱 말과 행동을 삼가야 할 것이다.

참고 현제(玄帝) : 도교에서 받드는 신선. 현천상제(玄天上帝)라고도 한다.

益智書에 云

惡鑵이 若滿이면 天必誅之니라

(익지서 운 악관약만 천필주지)

(한자풀이) 益(더할 익) 智(슬기 지) 鑵(두레박 관) 誅(벨 주)

(숙어풀이) 益智 : 지혜를 더한다

惡鑵 : 악의 두레박

誅之 : 목을 베다. 벌을 주다

(해설) 익지서에 이르기를, "나쁜 마음(악한 그릇)이 가득 차면 하늘이 반드시 벌을 줄 것이다."고 하였다.

사람의 마음속에는 선과 악이 같이 존재한다. 그런데 악이 선을 눌러 점점 마음속에 가득 차게 된다면 그것은 바로 악행으로 이어질 것이니 이는 반드시 벌을 받게 될 것이다.

(참고) 익지서(益智書) : 중국 송나라 때 지어진 책으로 지금은 전하지 않는다.

莊子 曰

若人이 作不善하야 得顯名者는

人雖不害나 天必戮之니라

(장자 왈 약인 작불선 득현명자 인수불해 천필륙지)

(한자풀이) 顯(나타날 현)　害(해칠 해)　戮(죽일 륙)

(숙어풀이) 作不善 : 악한 일을 하다
　　　　顯名者 : 이름을 드러낸(얻은) 사람
　　　　戮之 : 죽이다

(해설) 장자가 말하기를, "만일 착하지 못한 일을 해서 세상에 이름을 드러낸 자는, 사람이 비록 해치지 않더라도 하늘이 반드시 죽일 것이다." 고 하였다.

　세상에는 옳지 않은 방법으로 성공을 거두거나 명성을 얻는 사람들이 있다. 그러나 이런 성공이나 명성은 오래가지 못한다. 비록 당장에 사람들에 의해 어떤 심판이나 비판을 받지 못하더라도 언젠가는 그 죄값을 반드시 치르게 될 것이다.

種瓜得瓜요 **種豆得豆**니라

天網이 **恢恢**하야 **疎而不漏**니라

(종과득과 종두득두 천망회회 소이불루)

(한자풀이) 種(씨 종, 심을 종)　瓜(오이 과)　得(얻을 득)　豆(콩 두)

　　　　網(그물 망)　　　恢(넓을 회)　疎(성길 소)　漏(샐 루)

(숙어풀이) 種瓜 : 오이를 심다

　　　　種豆 : 콩을 심다

　　　　天網 : 하늘의 그물

　　　　恢恢 : 넓고도 넓다

　　　　疎而不漏 : 듬성듬성 하지만 새지 않는다

(해설) 오이를 심으면 오이를 얻고 콩을 심으면 콩을 얻는다. 하늘의 그물이 넓고도 넓어서 듬성듬성 하지만 새지는 않는다.

　세상에서 일어나는 모든 일에는 반드시 직접적인 원인인 '인(因)'과 간접적인 원인인 '연(緣)'이 있다. 여기에서 오이와 콩이 '인'이라면 땅과 거름, 사람들의 노력은 '연'이다. 이처럼 오이를 심으면 오이를 얻고 콩을 심으면 콩을 얻듯이 선과 악도 마찬가지이다. 자신이 뿌린 대로 그 결과를 얻게 될 것이다. 자신의 잘못을 손바닥으로 하늘을 가린다고 해서 덮어지는 것이 아니다. 하늘의 이치는 그 끝을 알 수 없는 것이다.

子 曰

獲罪於天이면 無所禱也이니라

(자 왈 획죄어천 무소도야)

(한자풀이) 獲(얻을 획)   罪(허물 죄)   禱(빌 도)

(숙어풀이) 獲罪 : 죄를 얻다(짓다)
　　　　　 於天 : 하늘에
　　　　　 無所禱 : 빌 곳이 없다

(해설) 공자가 말하기를, "악한 일을 하여 하늘에 죄를 지으면 빌 곳이 없다." 고 하였다.

　자신의 욕심을 채우기 위해 온갖 나쁜 일을 저지른다면, 이는 하늘의 죄를 얻는 것과 같아 용서받을 길이 없게 된다.

순명편
順命篇

이 편은 자신의 분수를 지키며 천명에 순응할 것을 가르치고 있다

子 曰

死生이 **有命**이오 **富貴**는 **在天**이니라

(자 왈 사생유명 부귀재천)

(한자풀이) 富(부유할 부)　貴(귀할 귀)

(숙어풀이) 死生 : 죽음과 삶

富貴 : 부유함과 귀함

在天 : 하늘에 있다

(해설) 공자가 말하기를, "죽고 사는 것은 운명이고, 부자가 되고 귀하게 되는 것은 하늘에 있다." 고 하였다.

사람이 죽고 사는 것은 타고난 운명에 달려 있고, 부자가 되고 귀하게 되는 것은 사람의 힘이나 노력보다는 하늘에 의해 정해지는 것이니, 분수에 넘치는 욕심을 부리면 그만큼의 대가를 치를 것이다.

萬事分已定이어늘 浮生空自忙이니라

(만사분이정 부생공자망)

(한자풀이) 萬(일만 만)　　已(이미 이)　　浮(뜰 부)　　忙(바쁠 망)

(숙어풀이) 萬事 : 모든 일

己定 : 이미 정해져 있다

浮生 : 뜬구름 같은 인생. 덧없는 인생

自忙 : 스스로 바쁘다

(해설) 모든 일은 분수가 이미 정하여져 있는데, 세상 사람들은 부질없이 스스로 바쁘게 움직인다.

　이 세상에 일어나는 모든 일들은 이미 저마다의 분수에 맞게 정해져 있는데, 어리석은 인간들은 그것을 모르고 부질없는 욕심을 부린다. 한번 정해진 운명은 바꿀 수가 없으니, 자신의 분수에 맞게 살아가는 것이 옳은 일이다.

景行錄에 云

禍는 不可倖免이오 福은 不可再求니라

(경행록 운 화 불가행면 복 불가재구)

倖(요행 행)   免(면할 면)   再(두 재)   求(구할 구)

不可 : 할 수 없다

倖免 : 요행으로 면하다

再求 : 다시 구하다

경행록에 이르기를, "화는 요행으로는 면하지 못하고, 복은 두 번 다시 구하지 못한다."고 하였다.

사람이라면 누구나 화는 피하고 싶고, 복은 받고 싶은 것이 인지상정이다. 그러나 이미 자신의 욕심을 위해 악을 행하였다면, 그 화는 이미 피할 수 없을 것이며, 한번 놓쳐버린 복은 두 번 다시 찾아오지 않을 것이다.

時來風送滕王閣이요 運退雷轟薦福碑라

(시래풍송등왕각 운퇴뢰굉천복비)

送(보낼 송)　滕(물뛰어오를 등)　閣(집 각)　退(물러날 퇴)
　　　　轟(울릴 굉)　薦(천거할 천)　碑(비석 비)

時來 : 때가 이르다
　　　　風送 : 바람이 보내주다
　　　　運退 : 운이 다했다
　　　　雷轟 : 우레가 치고 벼락이 떨어지다

해설　때가 이르니 바람이 등왕각으로 불고, 운이 없으니 벼락이 천복비를 때렸다.

　'등왕각'에 대하여 일화가 전해진다. 당시 도독인 염백서가 9월 9일에 낙성 잔치를 베풀기로 하였다. 이 무렵 천재 시인 왕발이 꿈을 꾸었는데 한 늙은이가 나타나 그 잔치에 참석하여 등왕각서(滕王閣序)를 지으라고 하였다. 그런데 그날은 9월 7일이었고 왕발이 있는 곳에서 남창까지는 칠백 리나 되는 거리였다. 하지만 왕발은 꿈이 너무 생생하여 배에 올랐다. 그러자 순풍이 불어 하룻밤 사이에 무사히 등왕각에 이르렀다. 잔치에 참석한 왕발은 등왕각서를 지어 천하에 그 이름을 떨치게 되었다.
　'천복비'에 대한 일화가 전해진다. 당시 대부호인 구래공(寇萊公)이 천복비의 비문을 탁본해 오는 사람에게 후한 보수를 주겠다고 하자 그의 문객 중 아주 가난한 문정(文正)이란 사람이 수천리 길을 달려 마침내 천복사에 이르렀는데 공교롭게도 그날 밤에 벼락이 떨어져 천복비가 산산조각이 나버렸다. 이렇듯 인생의 길흉화복은 항상 바뀌어 미리 헤아릴 수 없는 것이다. 운이 좋을 때에는 평소의 실력을 충분히 발휘하고 나쁠 때는 신중을 기하는 것이 현명하겠다.

(참고) 왕발(王勃) : 중국 당(唐) 나라 때 사람으로 유명한 시인이다. 자는 자안(子安). 저서로 시문집 <왕자안집(王子安集)> 16권을 남겼다.
등왕각(滕王閣) : 중국 남창(南昌)에 있는 유명한 누각
천복비(薦福碑) : 중국 강서성(江西省) 천복사에 있던 비석이다. 당나라 때 구양순(歐陽詢)이 비문을 썼다고 한다. 구양순은 당나라 초기 3대 서예가의 한 사람으로서 특히 해서가 뛰어났다.

列子 曰 痴聾痼啞도 家豪富요

智慧聰明도 却受貧이라

年月日時 該載定하니 算來由命不由人이니라

(열자 왈 치롱고아 가호부 지혜총명 각수빈 연월일시 해재정 산래유
명불유인)

한자풀이 痴(어리석을 치)　　聾(귀머거리 롱)　　痼(고질 고)

啞(벙어리 아)　　豪(호걸 호)　　聰(귀 밝을 총)

慧(지혜 혜)　　却(도리어 각)　　受(받을 수)

該(모두 해)　　載(실을 재)　　算(셀 산)

숙어풀이 痴聾 : 어리석고 귀먹은 사람

却 : 도리어

該 : 모두

算來 : 헤아려보다, 따져보다

由命 : 명에 달려 있다

不由人 : 사람에 달려 있지 않다

해설 열자가 말하기를, "어리석고 귀먹고 벙어리라도 집은 큰 부자일 수
있고, 지혜롭고 총명하지만 오히려 빈곤에 시달리기도 한다. 해와 달, 날
과 시가 모두 정해져 있으니, 따져보면 운명 때문이지 사람 탓은 아니다."
고 하였다.

이 내용을 풀이하자면 어리석거나 몸이 불구인 사람일지라도 부와 명예를 가질 수 있고, 똑똑하고 건강한 사람일지라도 가난을 면하지 못하는 것처럼, 사람이 잘살고 못 사는 것은 자신의 노력에도 불구하고 결국 운명에 달려 있다는 것이다. 그러나 지금의 현실사회에서는 그대로 받아들이기는 어려운 내용이다. 물론 타고난 운명이 있지만 열심히 노력한다면 그 결과가 바뀔 것이다. 자신의 주위 환경이나 여건만 탓할 것이 아니라 그 조건에서 최선의 노력을 한다면 부와 명예는 자신의 것이 될 것이다.

(참고) 열자(列子) : 이름은 어구(禦寇). 중국 전국시대 정(鄭)나라 사람으로 도가(道家)의 사상가이다. 저서로 <열자(列子)> 8권이 있다.

효행편
孝行篇

이 편은 부모님을 섬기는 자식의 도리를 가르치고 있다

詩 曰 父兮生我_{하시고} 母兮鞠我_{하시니}

哀哀父母_여 生我劬勞_{샷다}

欲報深恩_{인대} 昊天罔極_{이로다}

(시 왈 부혜생아 모혜국아 애애부모 생아구로 욕보심은 호천망극)

(한자풀이) 詩(시 시)　　　　兮(어조사 혜)　　鞠(기를 국)　　哀(슬플 애)
　　　　　劬(수고로울 구)　勞(수고할 로)　　昊(하늘 호)　　罔(없을 망)
　　　　　極(다할 극)

(숙어풀이) 生我 : 나를 낳다
　　　　　鞠我 : 나를 기르다
　　　　　哀哀 : 슬프고도 슬프다
　　　　　劬勞 : 애쓰고 수고하다
　　　　　欲報 : 보답하려 하다
　　　　　昊天 : 넓은 하늘. 부모의 큰 은혜
　　　　　罔極 : 끝이 없다

(해설) <시경>에 이르기를, "아버님 나를 낳으시고 어머님 나를 기르셨네. 슬프고도 슬프구나. 부모님이 나를 낳아 기르시느라고 애쓰고 수고하시었네. 그 깊은 은혜를 갚으려 해도 넓은 하늘처럼 끝이 없도다." 고 하였다.

　자식을 잘 키우기 위해 자신의 모든 것을 희생하는 부모님의 은혜는 하늘보다 더 높고 바다보다 더 깊은 것이다. 그 은혜에 보답하는 것이 바로 효(孝)이다. 유교사상에서 가장 중심이 되는 것은 아마도 효(孝)일 것이다. 그래서 효를 모든 행실의 근본으로 삼고 있는 것이다.

참고   시경(詩經) : 춘추시대의 민요를 중심으로 모은 중국에서 가장 오래된 시집이다. 시가(詩歌) 305수를 수록한 것이며, 서경(書經), 역경(易經), 춘추(春秋), 예기(禮記)와 함께 유교의 경전인 오경(五經)의 하나이다. 처음에는 다만 '시'라고 일컫다가 한나라 때 이후에 <시경>이라고 불렸다. <시경>은 국풍(國風), 소아(小雅), 대아(大雅), 송(頌)의 4부로 구성되며, 국풍은 여러 나라의 민요, 아(雅)는 공식 연회에서 쓰는 의식가(儀式歌), 송은 종묘의 제사에서 쓰는 악시(樂詩)이다.

子 曰 孝子之事親也는 居則致其敬하고
養則致其樂하고 病則致其憂하고
喪則致其哀하고 祭則致其嚴이니라

(자 왈 효자지사친야 거즉치기경 양즉치기락 병즉치기우 상즉치기애
제즉치기엄)

한자풀이 孝(효도 효)　居(거할 거)　敬(공경할 경)　養(기를 양)
憂(근심할 우)　喪(죽을 상)　祭(제사 제)　嚴(엄할 엄)
致(다할 치)

숙어풀이 事親 : 부모를 섬기다

해설 공자가 말하기를, "효자가 부모님을 섬기는 것은, 편안하시면 공경
하는 마음을 다하고, 봉양할 때 즐겁게 해 드리는 마음을 다하며, 병드셨
을 때 근심을 다하고, 돌아가셨을 때 슬픔을 다하며, 제사 지낼 때 엄숙함
을 다한다."고 하였다.

이 글은 자식이 부모를 섬기는 도리에 대하여 설명하고 있다. 앞의 세
가지는 살아 계셨을 때의 도리이고, 뒤의 두 가지는 돌아가셨을 때의 도
리이다. 즉 평소에는 공경하는 마음을 다하여 모셔야 하고, 음식을 드릴
때는 즐거운 마음으로 드리고, 병이 드셨을 때는 진심으로 근심하며 불편
함이 없도록 해 드리며, 돌아가신 때에는 그 슬픔을 다하고, 제사 지낼 때
에는 엄숙히 지내야 함을 가르치는 글이다.

子 曰

父母在어시든 不遠遊하며 遊必有方이니라

(자 왈 부모재 불원유 유필유방)

한자풀이 在(있을 재) 遠(멀 원) 遊(놀 유)

숙어풀이 遠遊 : 멀리 나가 놀다. 멀리 여행하다
有方 : 자신의 위치를 알린다는 뜻. 적절하다

해설 공자가 말하기를, "부모님이 살아계실 때에는 멀리 나가 놀지 않으며, 놀 때에는 반드시 가는 곳을 알려야 한다." 고 하였다.

이 글은 부모를 모시는 자식으로서 행동을 조심할 것을 가르치고 있다. 부모님을 물질적으로 정성껏 모시는 것만이 효도가 아니다. 부모님께 근심을 끼쳐드리지 않고 항상 편안한 마음을 가질 수 있도록 해 드리는 것도 그에 못지않은 효도이다.

子曰

父命召어시든 唯而不諾하고 食在口則吐之니라

(자 왈 부명소 유이불낙 식재구즉토지)

(한자풀이) 召(부를 소)   唯(오직 유)   諾(대답할 락)   吐(토할 토)

(숙어풀이) 命召 : 부르다
　　　　 不諾 : 꾸물대지 않는다
　　　　 吐之 : 뱉다. 토해내다

(해설) 공자가 말하기를, "아버지가 부르시면 머뭇거리지 말고 속히 대답하고, 입안에 음식이 있거든 즉시 이를 뱉고 대답해야 한다."고 하였다.

이 글은 부모님 말씀에 순종을 하고, 즉시 실천에 옮겨야 한다는 뜻이다.

太公 曰 孝於親이면 子亦孝之하나니

身旣不孝면 子何孝焉이리오

(태공 왈 효어친 자역효지 신기불효 자하효언)

(한자풀이) 旣(이미 기)　焉(어조사 언)

(숙어풀이) 孝於親 : 부모에게 효도하다

身旣不孝 : 자신이 이미 부모에게 효도하지 않다

子何孝焉 : 자식이 어찌 효도하겠는가

(해설) 태공이 말하기를, "내가 부모님께 효도하면 자식이 또한 나에게 효도할 것이다. 내가 부모님께 효도를 하지 않는다면 자식이 어찌 나에게 효도하겠는가."고 하였다.

　자식은 그 부모의 말과 행동을 보면서 자란다. 자신이 부모에게 효도를 해야 자식도 자신에게 효도하듯이 자신이 부모에게 효도하지 않으면서 어찌 자식이 자신에게 효도하기를 바라겠는가.

孝順은 還生孝順子요

忤逆은 還生忤逆子하나니 不信커든

但看簷頭水하라 點點滴滴不差移니라

(효순 환생효순자 요역 환생요역자 불신 단간첨두수 점점적적불차이)

(한자풀이) 還(돌아올 환) 忤(거스를 오) 但(다만 단) 看(볼 간)

簷(처마 첨) 點(점 점) 滴(떨어질 적)

差(어긋날 차) 移(옮길 이)

(숙어풀이) 孝順 : 부모에게 효도하고 순종하다

忤逆 : 거스르고 거역하다

簷頭水 : 처마 끝에서 떨어지는 낙숫물

點點滴滴 : 방울방울 물방울이 떨어지다

不差移 : 어긋나지 않다

(해설) 부모님께 효도하고 순종한 사람은 자신에게 효도하고 순종하는 자식을 낳을 것이며, 부모님께 거스르고 거역한 사람은 자신에게 거스르고 거역하는 자식을 낳을 것이다. 믿지 못하겠거든 저 처마 끝의 낙수를 보라. 방울방울 떨어져 내림이 어긋나지 않는다.

'콩 심은 데 콩 나고 팥 심은 데 팥 난다.'는 속담이 있듯이 효성스러운 부모에게서 효성스러운 자식이 태어나는 것이다. 그 이치를 처마 끝에서 떨어지는 낙숫물에 비유하였다.

정기편
正己篇

이 편은 자신의 몸과 마음을
올바르게 할 것을 가르치고 있다

性理書에 云 見人之善이면 而尋己之善하고

見人之惡이면 而尋己之惡이니

如此면 方是有益이니라

(성리서 운 견인지선 이심기지선 견인지악 이심기지악 여차 방시유익)

(한자풀이) 性(성품 성)   尋(찾을 심)   此(이 차)   是(옳을 시)

(숙어풀이) 如此 : 이와 같다, 이렇게 하다

方是 : 비로소, 바야흐로

(해설) <성리서>에 이르기를, "남의 착한 것을 보면 나의 착한 것을 찾고, 남의 악한 것을 보면 나의 악한 것을 찾을 것이니 이와 같이 해야 비로소 유익함이 있다." 고 하였다.

자신을 바르게 하는 방법은, 다른 사람의 착한 점을 보면 나의 착한 점을 찾아 개발하고, 다른 사람의 악한 점을 보면 나 자신의 악한 점을 돌아보고 고쳐나가는 것이다. 자신이 바르지 않고서 어떻게 다른 사람을 바르게 할 수 있겠는가. 다른 사람의 장점은 따르고 단점을 거울삼아 자신을 수양하고 경계해야 할 것이다.

(참고) 성리서(性理書) : <성리서>는 '성리학(性理學)'에 관한 책을 말한다. 성리학은 중국 송(宋)나라 때 주희(朱熹), 정호(程顥) 등이 제창한 학설로 이기(理氣)의 개념을 구사하면서 사람의 성품과 하늘의 이치 등에 관한 유학사상을 수립하였다.

景行錄에 云

大丈夫當容人이언정 無爲人所容이니라

(경행록 운 대장부당용인 무위인소용)

(한자풀이) 當(마땅할 당) 丈(어른 장) 容(얼굴 용, 용납할 용)

(숙어풀이) 容人 : 남을 용서하다

無爲 : ~하면 안 된다

人所容 : 남에게 용서를 받다

(해설) <경행록>에 이르기를, "대장부는 마땅히 남을 용서할지언정 남의 용서를 받는 사람이 되어서는 안 된다." 고 하였다.

대장부란 자고로 건장하고 씩씩한 사나이를 이른다. 그러므로 다른 사람의 잘못을 너그럽게 용서해 주는 관용과 자신의 의견을 달리하는 사람을 포용해 줄 수 있는 용기가 필요하다. 또 비굴한 행동으로 인해 다른 사람의 용서를 구하는 사람이라면 이미 그것은 대장부라 할 수 없다.

太公 曰 勿以貴己而賤人하고

勿以自大而蔑小하고 勿以恃勇而輕敵이니라

(태공 왈 물이귀기이천인 물이자대이멸소 물이시용이경적)

(한자풀이) 貴(귀할 귀)   賤(천할 천)   蔑(업신여길 멸)

　　　　 恃(믿을 시)   勇(날쌜 용)   輕(가벼울 경)   敵(원수 적)

(숙어풀이) 勿以 : ~ 하지 마라

　　　　 貴己 : 자기를 귀하게 여기다

　　　　 賤人 : 남을 천하게 여기다

　　　　 自大 : 자기를 크게 여기다

　　　　 蔑小 : 작은 사람을 멸시하다

　　　　 恃勇 : 용맹을 믿다

　　　　 輕敵 : 적을 가볍게 여기다

(해설) 태공이 말하기를, "자기를 귀하게 여겨 남을 천하게 여기지 말고 자기가 크다고 해서 작은 사람을 업신여기지 말며 용맹을 믿고서 적을 가볍게 여기지 말라." 고 하였다.

　이 글은 겸손할 것을 가르치고 있다. 노자(老子)는 '물은 언제나 낮은 곳으로 흐르지만 물이 하는 일은 참으로 위대하다. 사람은 이를 본받아 항상 낮은 곳에 있으면서 부귀해질수록 겸손해야 화를 피할 수 있다.' 고 하였다. 이처럼 자신의 지위가 높다고 해서 낮은 사람을 업신여기지 말고 자신의 재산이 많다고 해서 가난한 사람을 업신여겨서는 안 된다.

馬援 曰

聞人之過失이어든 如聞父母之名하여

耳可得聞이언정 口不可言也이니라

(마원 왈 문인지과실 여문부모지명 이가득문 구불가언야)

援(당길 원, 구원할 원)   聞(들을 문)   得(얻을 득)

過失 : 허물과 실수

可得聞 : 들을 수 있어도

可 : 할 수 있다

不可 : 할 수 없다

해설 마원이 말하기를, "남의 허물을 듣거든 부모님의 이름을 듣는 것과 같이하여 귀로 들을지언정 입으로는 말하지 말 것이다." 고 하였다.

이 글은 다른 사람의 허물을 들추어내어 혹시라도 자신이 불행한 일을 당하게 될 수도 있다는 것을 가르치고 있다.

邵康節先生이 曰

聞人之謗이라도 未嘗怒하며 聞人之譽라도 未

嘗喜하며 聞人之惡이라도 未嘗和하며 聞人之

善이면 則就而和之하고 又從而喜之니라

其時에 曰 樂見善人하며 樂聞善事하며 樂道

善言하고 樂行善意하고 聞人之惡이어든 如負

芒刺하고 聞人之善이어든 如佩蘭蕙니라

(소강절선생 왈 문인지방 미상노 문인지예 미상희 문인지악 미상화
문인지선 즉취이화지 우종이희지 기시 왈 낙견선인 낙문선사 낙도선
언 낙행선의 문인지악 여부망자 문인지선 여패란혜)

(한자풀이) 謗(비방할 방)　嘗(일찍 상)　譽(명예 예)　熹(기쁠 희)
　　　　　就(나아갈 취)　從(따를 종)　負(질 부)　芒(가시 망)
　　　　　刺(찌를 자)　佩(찰 패)　蘭(난초 란)　蕙(혜초 혜)

(숙어풀이) 未嘗 : 일찍이 ~하지 않는다. 결코 ~하지 말자
　　　　　就而和之 : 좇아서 함께 칭찬하다
　　　　　從而喜之 : 따라서 기뻐하다
　　　　　芒刺 : 가시
　　　　　蘭蕙 : 난초와 혜초

소강절선생이 말하기를, "남에게 비방을 듣더라도 화를 내지 말며, 남에게 칭찬을 듣더라도 기뻐하지 말라. 다른 사람의 악한 것을 듣더라도, 이에 동조하지 말며 다른 사람의 선행을 듣거든 곧 즐겁게 인정하고 함께 기뻐할 것이다".

그 시에 이렇게 말했다. "착한 사람 보기를 즐거워하고, 착한 일 듣기를 즐거워하며, 착한 말하기를 즐거워하고, 착한 뜻 행하기를 즐거워하라. 남의 악한 것을 듣거든 가시를 등에 진 듯이 하고, 남의 착한 것을 듣거든 난초와 해초를 몸에 지닌 것 같이하라.

보통 사람들은 다른 사람이 나를 비방하면 화를 내고 칭찬을 해 주면 좋아하지만, 교양을 쌓은 사람은 다른 사람에게 비방을 들으면 자기 자신을 반성하고, 칭찬을 들으면 좋아하기보다는 과연 그러한지 살펴본다. 또 다른 사람의 악행을 들었을 때는 이에 동조하지 말고, 다른 사람의 선행을 들었을 때는 자신의 일인 것처럼 같이 기뻐해야 한다. 이처럼 아무런 주견이 없이 다른 사람의 의견이나 행동에 덩달아 따르는 것을 경계해야 하며, 선행을 실천하거나 듣거나 말하는 것을 즐거워해야 하고, 등에 가시를 짊어진 것처럼 악행을 멀리해야 한다.

道吾善者는 是吾賊이오 道吾惡者는 是吾師라

(도오선자 시오적 도오악자 시오사)

(한자풀이) 吾(나 오) 賊(도둑 적) 師(스승 사)

(숙어풀이) 吾賊 : 나의 적
　　　　　吾師 : 나의 스승

(해설) 나를 착하다고 말해 주는 사람은 곧 내게 해로운 사람이요, 나의 나쁜 점을 말해 주는 사람은 곧 나의 스승이다.

'충고하는 말은 귀에는 거슬리지만 행동하는 데 이롭고, 양약은 입에는 쓰지만 병에는 이롭다(忠言逆耳 利於行 良藥苦口 利於病).' <공자가 어(孔子家語)>에 나오는 말이다. 이처럼 나를 진정으로 아끼는 사람이라면 입에 발린 칭찬보다는 따끔한 충고를 해 주는 사람일 것이다. 또 나자신도 그 충고를 받아들일 만한 그릇이 되어야 한다.

太公 曰 勤爲無價之寶요 愼是護身之符니라

(태공 왈 근위무가지보 신시호신지부)

(한자풀이) 勤(부지런할 근)　價(값 가)　寶(보배 보)　愼(삼갈 신)
　　　　護(보호할 호)　　符(부적 부)

(숙어풀이) 無價之寶 : 값을 매길 수 없을 만큼 귀한 보배
　　　　　護身之符 : 몸을 보호해주는 부적

(해설) 부지런한 것은 더 없이 귀중한 보배요, 조심하는 것은 몸을 보호
하는 부적이다.

　어느 사회를 막론하고 성공한 사람치고 부지런하지 않은 사람이 없다.
'작은 부자는 부지런함에 있다(小富在勤).' 라는 옛말이 있듯이 부지런함
은 그 어떤 보배로도 살 수 없는 귀중한 것이다. 또한 사람은 모든 일을
항상 신중하게 해야 한다. 특히 말과 행동을 조심해야 함은 두말할 나위
도 없다.

景行錄에 曰

保生者는 寡慾하고 保身者는 避名이니

無慾은 易나 無名은 難이니라

(경행록 왈 보생자 과욕 보신자 피명 무욕 이 무명 난)

(한자풀이) 保(보전할 보)　寡(적을 과)　慾(욕심 욕)　避(피할 피)
　　　　易(쉬울 이)　難(어려울 난)

(숙어풀이) 保生 : 삶을 보전하다
　　　　寡慾 : 욕심을 적게 하다
　　　　避名 : 이름을(명예를) 피하다

(해설) <경행록>에 이르기를, "삶을 보전하려는 자는 욕심을 적게 하고, 몸을 보전하려는 자는 명예을 피한다. 욕심을 없애기는 쉬우나 명예를 없애기는 어렵다." 고 하였다.

　인간의 욕심은 한이 없다. '욕심이 사람을 죽인다.' 는 속담처럼 자기 분수에 지나치게 무엇을 얻고자 한다면 욕심이 눈을 가려 사물에 대한 판단을 흐리게 하여 사리를 분별하지 못하고 자신의 삶을 위태롭게 할 수가 있다. 또 명예나 권력에 사로잡히게 되면 교만해지기 쉽고 그것으로 인해 자칫 모함에 빠지게 된다. 그러므로 정당하고 도리에 맞는 욕심으로 살아야 자신의 삶과 몸을 잘 보존하게 된다.

子 曰 君子有三戒하니 少之時엔 血氣未定이라 戒之在色하고 及其壯也엔 血氣方剛이라 戒之在鬪하고 及其老也엔 血氣旣衰라 戒之在得이니라

(자 왈 군자유삼계 소지시 혈기미정 계지재색 급기장야 혈기방강 계지재투 급기노야 혈기기쇠 계지재득)

(한자풀이) 戒(경계할 계)   少(젊을 소)   氣(기운 기)   及(미칠 급)
　　　　　壯(장성할 장)   剛(굳셀 강)   鬪(싸울 투)   衰(쇠할 쇠)

(숙어풀이) 三戒 : 세 가지 경계
　　　　　色 : 여색
　　　　　鬪 : 싸움
　　　　　得 : 탐욕
　　　　　方剛 : 바야흐로 강건하다. 이제 한창이다
　　　　　及 : ~함에 이르러

(해설) 공자가 말하기를, "군자는 세 가지 경계할 것이 있으니, 어릴 때는 혈기가 아직 안정되지 못하니 여색을 경계해야 하고, 몸이 장성하면 혈기가 바야흐로 강성한지라 싸움을 경계해야 하고, 몸이 늙으면 혈기가 이미 쇠한지라 탐욕을 경계해야 한다." 고 하였다.

이 글은 사람들이 평생을 살아가는 데 있어 특히 경계해야 할 내용이다.

젊었을 때는 혈기가 아직 안정되지 않아 쉽게 흥분하거나 감동하기 쉬우므로, 특히 이성간의 분별없는 애정행각으로 인생의 기초를 닦을 중요한 시기를 놓치기 쉽다는 것을 경계하고, 혈기가 왕성한 장년기에는 다른 사람과의 타협보다는 자신의 주장만을 내세워 충돌을 일으키기 쉽다는 것을 경계하고, 혈기가 쇠약해지는 노년기에는 자신의 것에 만족하지 않고 욕심을 부리는 것을 경계하고 있다.

孫眞人 養生銘에 云 怒甚偏傷氣오 思多太
損神이라 神疲心易役이오 氣弱病相因이라 勿
使悲歡極하고 當令飮食均하며 再三防夜醉하
고 第一戒晨嗔하라

(손진인 양생명 운 노심편상기 사다태손신 신피심이역 기약병상인 물
사비환극 당령음식균 재삼방야취 제일계신진)

<한자풀이> 孫(손자 손)　　銘(새길 명)　　偏(치우칠 편)　　傷(상할 상)
　　　　　　疲(지칠 피)　　役(부릴 역)　　弱(약할 약)　　病(병 병)
　　　　　　相(서로 상)　　因(인할 인)　　使(하여금 사)　　歡(기뻐할 환)
　　　　　　均(고를 균)　　防(막을 방)　　醉(취할 취)　　晨(새벽 신)
　　　　　　嗔(성낼 진)

<숙어풀이> 傷氣 : 기운이 상하다
　　　　　損神 : 정신이 상하다
　　　　　易役 : 쉽게 지치다
　　　　　勿使 : ～하게 하지 말라
　　　　　極 : 지나치게
　　　　　當令 : 마땅히 ～하게 하다

<해설> 손진인의 <양생명>에 이르기를, "화를 심하게 내면 기운이 상하
고, 생각이 너무 많으면 정신이 상한다. 정신이 피로하면 마음이 쉽게 지
치고, 기운이 약하면 병이 따라 생긴다. 지나치게 슬퍼하고 기뻐하지 말

것이며, 음식은 마땅히 고르게 먹어야 하고, 밤에 술을 자주 하지 말며, 새벽에 화내는 것을 첫째로 경계하라." 고 하였다.

이 글은 몸과 마음을 건강하게 잘 보존하는 방법을 말하고 있다. 화를 심하게 내면 기운이 상하게 되고 여러 가지 생각이 많으면 정신이 크게 손상된다. 정신이 피로하면 몸도 마음도 쉽게 지치기 마련이다. 따라서 이 모든 것이 만병의 근원이니 지나친 슬픔이나 기쁨을 드러내지 말고, 음식을 고루 섭취하고 밤늦게까지 과음을 하지 말고 특히 새벽에 화를 내는 일이 없도록 해야 할 것이다.

참고 손진인(孫眞人) : 손(孫)은 성씨이고 '眞人'은 도가(道家)의 참된 진리를 깨달은 사람 또는 불로장생하는 술법을 익혀서 신선이 된 사람을 말한다.
양생명(養生銘) : 양생이란 몸과 마음을 건강하게 보존하며 기른다는 뜻이고 명은 마음에 새겨서 잊지 않음을 뜻한다.

景行錄에 曰

食淡精神爽이오 心淸夢寐安이니라

(경행록 왈 식담정신상 심청몽매안)

(한자풀이) 淡(담백할 담)　精(마음 정)　爽(시원할 상, 상쾌할 상)
　　　　　夢(꿈 몽)　　　寐(잠잘 매)　安(편안할 안)

(숙어풀이) 食淡 : 음식이 담백하다
　　　　　心淸 : 마음이 맑다
　　　　　夢寐 : 꿈자리

(해설) <경행록>에 이르기를, "음식이 담백하면 마음이 상쾌하고, 마음이 맑으면 편안한 꿈과 잠을 잘 수 있다."고 하였다.

　담백한 음식을 먹음으로써 정신을 맑게 하고, 그로 인해 마음이 깨끗해지고 편안한 꿈과 잠을 잘 수가 있는 것이다. 잠을 편안하게 자야 모든 피로가 다 풀어지고 활기가 넘쳐 자신이 하고자 하는 일을 의욕적으로 추진하여 뜻을 이루고 건강하고 올바른 삶을 누릴 수가 있다.

定心應物하면 雖不讀書라도

可以爲有德君子이니라

(정심응물 수불독서 가이위유덕군자)

(한자풀이) 應(응할 응)   物(만물 물)   雖(비록 수)   讀(읽을 독)

(숙어풀이) 定心 : 마음을 안정시키다

應物 : 사물을 대하다. 사물을 잘 처리하다

可以爲 : ~라고 할 수 있다. ~이 될 수 있다

(해설) 마음가짐을 안정시키고 모든 일에 대응한다면, 비록 글을 읽지 않았더라도 덕이 있는 군자라 할 수 있다.

모름지기 군자란 학문과 덕이 높고 행실이 바르며 품위를 갖춘 사람을 말한다. 그러나 이 글의 내용을 보면 비록 높은 학식은 갖추지 못했지만, 바르고 정직한 마음으로 사물을 대하고 행동하는 사람이야말로 바로 군자임을 말하고 있다.

近思錄에 云

懲忿을 如救火하고 窒慾을 如防水하라

(근사록 운 징분여구화 질욕여방수)

(한자풀이) 近(가까울 근) 懲(징계할 징) 救(구할 구) 窒(막을 질)

(숙어풀이) 懲忿 : 분노를 경계하다

救火 : 불을 끄다

窒慾 : 욕심을 막다. 욕심을 억제하다

防水 : 물을 막다

(해설) <근사록>에 이르기를, "분한 마음 누르기를 불 끄듯이 하고, 욕심을 막기를 새는 물 막듯이 한다." 고 하였다.

처음에는 대단하지 않던 물과 불도 방치하면 엄청난 재해를 가져오는 것처럼 분노와 욕심 또한 마찬가지이다. 분한 마음을 참지 못하고 말과 행동을 함부로 한다거나 쓸데없이 과욕을 부린다면 그것은 반드시 자신에게 큰 해가 될 것이다.

(참고) 근사록(近思錄) : 중국 송(宋)나라 때 성리학자인 주희(朱熹 : 주자)와 그와 제자 여조겸(呂祖謙)이 함께 지은 학문지침서이다. 주돈이(周敦頤), 정호(程顥), 정이(程頤), 장재(張載) 등의 글에서 학문의 중심문제들과 일상생활에 지침이 되는 622조목을 뽑아 편집하였다. 제목의 '근사'는 논어의 "널리 배우고 뜻을 돈독히 하며, 묻기를 간절히 하고 가까이 생각하면[切問而近思] 인(仁)은 그 가운데 있다"는 구절에서 따온 것이다.

夷堅志에 云 避色을 如避讐하고

避風을 如避箭하며 莫喫空心茶하고

小食中夜飯하라

(이견지 운 피색 여피수 피풍 여피전 막끽공심다 소식중야반)

(한자풀이) 夷(오랑캐 이) 堅(굳을 견) 讐(원수 수) 箭(화살 전)
喫(마실 끽) 茶(차 다) 飯(밥 반)

(숙어풀이) 避色 : 여색을 피하다
莫喫 : 마시지 말라
中夜 : 한밤중
空心 : 빈 속

(해설) <이견지>에 이르기를, "여색 피하기를 원수 피하듯이 하고, 바람
피하기를 화살 피하듯이 하며, 빈속에는 차를 마시지 말고, 밤중에 밥을
적게 먹어라." 고 하였다.

여색을 삼가고 바람끼를 피하며, 빈속에 차를 마시지 말고, 밤중에 적게
먹어야 몸과 마음이 건강해져 편안한 삶을 누릴 수 있다.

(참고) 이견지(夷堅志) : 중국 송(宋)나라 때 홍매(洪邁)가 지은 것으로 각 지
방의 신선이나 귀신 등 기이한 내용의 이야기를 엮은 설화집이다. 원래는 420권이
었다고 하나 지금은 50권만 전한다고 한다.

荀子 曰

無用之辯과 不急之察을 棄而勿治하라

(순자 왈 무용지변 불급지찰 기이물치)

한자풀이 荀(풀이름 순)　辯(말씀 변)　察(살필 찰)　棄(버릴 기)

숙어풀이 無用之辯 : 쓸데없는 말

不急之察 : 급하지 않은 일을 살피다

勿治 : 다스리지 않는다. 하지 않는다

순자가 말하기를, "쓸데없는 말과 급하지 않은 일은 제쳐 두고 참견하지 말라."고 하였다.

'말이 많으면 쓸 말이 적다.'라는 말이 있듯이 말을 많이 하면 쓸데없는 말이 나오고 다른 사람의 허물을 떠벌리게 된다. 또 급하지도 않은 일까지도 지나칠 정도로 까다롭게 살피는 것은 정작 큰일이나 시급한 일이 있을 때 이를 그르치게 된다.

순자(荀子) : 중국 전국시대 조(趙)나라 사람으로 성은 순(荀), 이름은 황(況)이다. 맹자의 성선설(性善說)을 반대하여 인간의 본성은 태어나면서부터 악하다는 성악설(性惡說)을 주장하였다. 저서로 <순자(荀子)>가 전한다.

子 曰 衆이 好之라도 必察焉하며

衆이 惡之라도 必察焉이니라

(자 왈 중 호지 필찰언 중 오지 필찰언)

한자풀이 衆(무리 중)　好(좋을 호)　惡(미워할 오)　焉(어찌 언)

숙어풀이　好之 : 좋아하다

必察焉 : 반드시 살피다

惡之 : 미워하다

해설　공자가 말하기를, "모든 사람이 좋아하더라도 반드시 살펴야 하며, 모든 사람이 미워하더라도 반드시 살펴야 한다." 고 하였다.

　부화뇌동(附和雷同)이란 말이 있듯이 이 글은 자신의 의견보다는 그 사실 여부나 옳고 그름에 상관없이 주위의 여론 등에 의해 덩달아 따라가는 것을 경계하고 있다.

酒中不語는 眞君子요

財上分明은 大丈夫이니라

(주중불어 진군자 재상분명 대장부)

(한자풀이) 酒(술 주) 財(재물 재) 夫(지아비 부)

(숙어풀이) 酒中 : 술에 취해

不語 : 쓸데없는 소리나 허튼소리를 하지 않다

財上 : 재물에 대하여

(해설) 술 취한 가운데에도 말이 없음은 참다운 군자요, 재물에 대하여 태도가 분명함은 대장부이다.

　사람이 술을 마시게 되면 말이 많아지게 마련이다. 말이 많아지면 자연 말에 실수가 따르게 되므로 술에 취했을 때 더욱 말을 삼가야 하고, 금전 거래에 있어 신용 또한 잃지 않아야 함을 가르치고 있다.

萬事從寬이면 其福自厚이니라

(만사종관 기복자후)

한자풀이 從(따를 종) 寬(너그러울 관) 厚(두터울 후)

숙어풀이 從寬 : 너그러움을 따르다
　　　　 自厚 : 저절로 두터워지다

해설 모든 일을 너그럽게 행하면 그 복이 저절로 두터워진다.

　사람들은 관용을 하나의 미덕으로 삼는다. 잘못한 사람에게 관용을 베푸는 것은 자신을 존중하고 자신의 이익을 위해서가 아니라, 그 사람의 인격을 존중하고 그 사람의 이익을 위해서이다. 모든 사람에게 너그럽게 대하는 것이 바로 자신의 복을 쌓는 길이다.

太公 曰 慾量他人이거든 先須自量하라

傷人之語는 還是自傷이니 含血噴人이면

先汚其口니라

(태공 왈 욕량타인 선수자량 상인지어 환시자상 함혈분인 선오기구)

한자풀이 量(헤아릴 량) 含(머금을 함) 噴(뿜을 분) 汚(더러울 오)

숙어풀이 欲量 : 헤아리다. 헤아리려고 하다

傷人之語 : 남을 해치는 말

還是 : 도리어

含血 : 피를 머금다

先汚 : 먼저 더러워지다

해설 태공이 말하기를, "남을 알려고 하거든 먼저 자신을 반드시 헤아려 보라. 남을 해치는 말은 도리어 스스로를 해치는 것이니, 피를 머금어 남에게 뿜으면 자신의 입이 먼저 더러워진다." 고 하였다.

사람들은 흔히 다른 사람의 허물은 쉽게 발견하고 이를 과장되게 표현하면서도 자신의 허물은 모른 채 관심을 두지 않는다. 그러나 자신이 다른 사람을 보는 것과 같이 다른 사람도 자신을 그렇게 바라본다는 사실을 알아야 한다. 그러므로 다른 사람을 탓하기에 앞서 자기 자신을 먼저 살펴야 할 것이다.

凡戲는 無益이오 惟勤이 有功이니라

(범희 무익 유근 유공)

(한자풀이) 凡(무릇 범)   戲(희롱할 희)   惟(오직 유)   功(공 공)

(숙어풀이) 凡戲 : 모든 놀이

惟勤 : 오직 부지런하다

有功 : 공이 있다. 공을 이루다

(해설) 모든 놀이는 이익됨이 없고, 오직 부지런한 것만이 공이 있다.

쓸데없는 놀이나 오락으로 귀중한 시간을 허비하지 말고, 부지런히 노력하여 자신이 뜻을 이루어야 할 것이다.

太公 曰 瓜田에 不納履하고

李下에 不正冠이니라

(태공 왈 과전 불납리 이하 부정관)

(한자풀이) 瓜(오이 과) 納(들일 납) 履(신발 리) 冠(갓 관)

(숙어풀이) 瓜田 : 오이밭
　　　　　納履 : 신을 고쳐 신다
　　　　　李下 : 오얏나무 아래
　　　　　正冠 : 갓을 고쳐 쓰다

(해설) 태공이 말하기를, "남의 오이밭에서는 신을 고쳐 신지 말고, 남의 오얏나무 아래에서는 갓을 고쳐 쓰지 말라." 고 하였다.

　이 글은 오이밭에서 신을 고쳐 신으려면 허리를 구부려야 하는데 이는 오이를 따는 것처럼 오해를 받게 되고, 오얏나무 아래에서 갓을 고쳐 쓰려면 손을 올려야 하는데 이는 오얏을 따는 것처럼 오해를 받게 되니, 다른 사람으로부터 의심을 받을만한 행동을 해서는 안 된다는 교훈이다.

景行錄에 曰 心可逸이언정 形不可不勞요 道 可樂이언정 心不可不憂니 形不勞면 則怠惰 易弊하고 心不憂면 則荒淫不定이니라 故로 逸 生於勞而常休하고 樂生於憂而無厭하나니 逸 樂者는 憂勞를 豈可忘乎아

(경행록 왈 심가일 형불가불로 도가락 심불가불우 형불로 즉태타이폐 심불우 즉황음부정 고 일생어로이상휴 낙생어우이무염 일락자 우로 기가망호)

한자풀이) 逸(편안할 일)   憂(근심할 우)   怠(게으를 태)
　　　　　惰(게으를 타)   弊(해질 폐)   荒(거칠 황)   淫(음란할 음)
　　　　　厭(싫을 염)   豈(어찌 기)   乎(인가 호)

숙어풀이) ~不可不 : ~하지 않을 수 없다
　　　　 怠惰 : 태만하고 게으르다
　　　　 易弊 : 쉽게 해지다, 못쓰게 되다
　　　　 常休 : 항상 좋다, 늘 한가로이 지내다
　　　　 無厭 : 싫지 않다, 물리지 않다
　　　　 豈可忘乎 : 어찌 잊을 수 있겠는가

해설) <경행록>에 이르기를, "마음은 편할지언정 몸은 노력하지 않을 수 없고, 도는 즐거울지언정 마음은 걱정하지 않을 수 없다. 몸이 노력하

지 않으면 게으름에 빠져 허물어지기 쉽고, 마음이 걱정하지 않으면 주색에 빠져서 행동이 안정되지 않는다. 그러므로 편안함은 수고로움에서 생겨야 항상 기쁠 수 있고, 즐거움은 근심하는 곳에서 생겨 싫음이 없으니, 편안하고 즐거운 자가 근심과 수고로움을 어찌 잊을 수 있겠는가?"고 하였다.

이 글을 좀 더 싶게 풀이하자면 마음이 편안하려면 몸은 항상 힘들게 일해야 하고, 정신을 즐겁게 하려면 앞날에 대한 근심이 있어야 한다. 몸이 힘들지 않으면 게으름에 빠져 허물어지기 쉽고, 앞날에 대한 근심이 없으면 방종에 빠져 바로잡기가 어렵다. 그러므로 편안함은 힘든 가운데서 생겨나 항상 기쁠 수 있고, 즐거움은 근심하는 가운데 생겨나 항상 싫증이 나지 않는다. 편안함과 즐거움을 추구하는 사람이라면 부지런히 일을 하고 앞날에 대한 근심을 잊어서는 안 될 것이다.

耳不聞人之非하고　目不視人之短하고

口不言人之過라야　庶幾君子니라

(이불문인지비 목불시인지단 구불언인지과 서기군자)

(한자풀이) 短(짧을 단)　庶(거의 서, 무리 서)　幾(거의 기)

(숙어풀이) 人之非 : 남의 그릇됨

人之短 : 남의 단점

人之過 : 남의 허물

庶幾 : 거의 ~와 같다, 가깝다

(해설) 귀로는 남의 그릇됨을 듣지 않고, 눈으로는 남의 단점을 보지 않고, 입으로는 남의 허물을 말하지 않아야 거의 군자에 가깝다.

　이 글은 다른 사람의 잘못을 듣지 않고, 다른 사람의 잘못을 보지 않고, 다른 사람의 잘못을 말하지 않아야만 군자와 같은 높은 수양을 쌓은 사람이라는 뜻으로, 다른 사람의 잘못을 탓하기 전에 자신의 잘못을 반성해야 한다는 교훈이다.

蔡伯喈 曰

喜怒는 在心하고 言出於口이니 不可不愼이니라

(채백개 왈 희노재심 언출어구 불가불신)

한자풀이 蔡(거북 채) 佰(맏 백) 喈(새소리 개) 愼(삼갈 신)

숙어풀이 喜怒 : 기쁨과 노여움

於 : ~에서

不可不愼 : 삼가지 않을 수 없다

해설 채백개가 말하기를, "기뻐하고 노여워하는 것은 마음속에 있고, 말은 입 밖으로 나가는 것이니 삼가하지 않으면 안 된다." 고 하였다.

말이란 것은 자신의 마음에서 나오는 것이다. 기뻐하고 노여워하는 감정이 자신의 마음속에 있으면 그 감정의 말이 입 밖으로 나오기 마련이니 이를 함부로 말한다면 상대방뿐만 아니라 자신에게도 큰 화가 미칠 수가 있다. '한번 엎지른 물은 다시 주워 담지 못한다.' 는 속담처럼 한 번 내뱉은 말은 다시 돌이킬 수 없는 것이다.

참고 채백개(蔡佰喈) : 중국 후한 때 학자로 이름은 옹(邕)이고 자는 백개(佰喈)이다. 천문(天文), 시부(詩賦), 음률(音律) 등에 능했다. 저서로 <채중랑집(蔡中郎集)>이 있다.

宰予晝寢이어늘 子曰

朽木은 不可雕也요 糞土之墻은 不可杇也니라

(재여주침 자 왈 후목 불가조야 분토지장 불가오야)

(한자풀이) 宰(재상 재)　予(나 여)　晝(낮 주)　寢(잠잘 침)
朽(썩을 후)　雕(아로새길 조)　糞(똥 분)
墻(담 장)　杇(흙손 오)

(숙어풀이) 晝寢 : 낮잠 자다
朽木 : 썩은 나무
糞土 : 썩은 흙

(해설) 재여가 낮잠을 자거늘 공자가 이를 보고 말하기를, "썩은 나무는 다듬지 못할 것이고, 썩은 흙으로 만든 담은 흙손질을 못할 것이다."고 하였다.

　이 글은 썩은 나무는 조각할 수 없고 썩은 벽은 칠할 수 없다는 뜻으로, 지기(志氣)가 썩은 사람은 가르칠 수 없음을 이른다. 또는 처치 곤란한 사람을 비유하여 이르는 말이다.

(참고)　재여(宰予) : 재여는 노나라 사람으로 자는 자아(子我)이다. 공문십철(孔門十哲)의 한 사람으로 공자의 제자였다.

紫虛元君이 誠諭心文에 曰 福生於淸儉하고 德生於卑退하고 道生於安靜하고 命生於和暢하고 憂生於多慾하고 禍生於多貪하고 過生於輕慢하고 罪生於不仁이니라 戒眼莫看他非하고 戒口莫談他短하고 戒心莫自貪嗔하고 戒身莫隨惡伴하라 無益之言을 莫妄說하고 不干己事를 莫妄爲하고 尊君王孝父母하며 敬尊長奉有德하고 別賢愚恕無識하고 物順來而勿拒하며 物旣去而勿追하고 身未遇而勿望하며 事已過而勿思하라 聰明도 多暗昧요 算計도 失便宜니라 損人終自失이오 依勢禍相隨라 戒之在心하고 守之在氣라 爲不節而亡家하고 因不廉而失位니라 勸君自警於平生하나니 可歎可驚而可畏니라 上臨之以天鑑하고 下察之以地祇라 明有三法相繼하고 暗有鬼神相隨라

惟正可守요 心不可欺니 戒之戒之하라

(자허원군 성유심문 왈 복생어청검 덕생어비퇴 도생어안정 명생어화창 우생어다욕 화생어다탐 과생어경만 죄생어불인 계안막간타비 계구막담타단 계심막자탐진 계신막수악반 무익지언막망설 불간기사막망위 존군왕효부모 경존장봉유덕 별현우서무식 물순래이물거 물기거이물추 신미우이물망 사이과이물사 총명다암매 산계실편의 손인종자실 의세화상수 계지재심 수지재기 위불절이망가 인불염이실위 권군자경어평생 가탄가경이가외 상임지이천감 하찰지이지기 명유삼법상계 암유귀신상수 유정가수 심불가기 계지계지)

和暢 : 화창하다, 부드럽고 맑음

輕慢 : 경솔하고 교만함

惡伴 : 나쁜 무리(벗)

不干己事 : 자신과 관계없는 일

順來 : 순리대로 오다

未遇 : 때를 만나지 못하다

暗昧 : 어리석다

算計 : 잘 세운 계획

損人 : 남에게 손해를 끼치다

相隨 : 함께 따르다

依勢 : 세력에 의존하다

勸君 : 그대에게 ~을 권고하다

天鑑 : 하늘의 거울, 즉 하늘이 내려다보다

地祇 : 땅의 신

惟正可守 : 오직 바른 것을 지키다

心不可欺 : 마음을 속이지 않는다

戒之 : 경계하다

(해설) 자헌원군의 <성유심문>에서 말하기를, "복은 맑고 검소한 데서 생기고, 덕은 겸손하고 사양하는 데서 생기며, 도는 편안하고 고요한 데서 생기고, 생명은 화창한 데서 생긴다. 근심은 욕심이 많은 데서 생기고, 재앙은 탐욕이 많은 데서 생기며, 과실은 경솔하고 교만한 데서 생기고, 죄는 어질지 못한 데서 생긴다.

눈을 경계하여 다른 사람의 그릇된 것을 보지 말고, 입을 경계하여 다른 사람의 결점을 말하지 말고, 마음을 경계하여 탐내고 성내지 말며, 몸을 경계하여 나쁜 벗을 따르지 말라. 유익하지 않은 말은 함부로 하지 말고, 나와 관계없는 일은 함부로 하지 말라. 임금을 공경하고, 부모에게 효도하여 웃어른을 공경하고, 덕이 있는 사람을 받들며, 어진이과 어리석은 사람을 분별하고, 어리석은 사람을 용서하라.

모든 일은 순리로 오거든 물리치지 말고, 물건이 이미 지나갔거든 쫓지 말며, 몸이 좋은 때를 만나지 못했으면 바라지 말고, 일이 이미 지나갔으면 생각하지 말라.

총명한 사람도 어리석을 때가 많고, 계획을 잘 세웠어도 편의를 잃는 수가 있다. 다른 사람에게 손해를 입히면 마침내 자기도 손해를 입을 것이요, 세력에 의존하면 재앙이 함께 따른다. 경계하는 것은 마음에 있고 지키는 것은 기운에 있다. 절약하지 않으면 집안이 망하고, 청렴하지 않으면 지위를 잃는다.

그대에게 평생을 두고 스스로 경계할 것을 권고하나니, 가히 경탄하고 놀랍게 여겨 삼가야 하며 위에는 하늘의 거울이 내려다보고 있고, 아래에는 땅의 신령이 살피고 있다. 밝은 곳에는 세 가지 법(三法 : 輕, 中, 重)이 이어져 있고, 어두운 곳에는 귀신이 서로 따르고 있다. 오직 바른 것을 지키고 마음은 속이지 못할 것이니 경계하고 경계하라."고 하였다.

이 글은 정성으로 마음을 깨우치게 하는 글이다. 그냥 한 번 읽어보는 것이 아니라 그대로 실천에 옮기도록 노력해야 할 것이다.

참고 자허원군(紫虛元君) : 도가(道家)에서 받드는 신. 원군(元君)은 여자로서 신선이 된 사람을 말하고 남자로서 신선이 된 사람은 진군(眞君)이라 한다.
성유심문(誠諭心文) : 정성으로 마음을 깨우치게 하는 글이라는 뜻이다.

안분편
安分篇

이 편은 자신에게 주어진 분수에
만족하며 살아갈 것을 가르치고 있다

景行錄에 云 知足可樂이오 務貪則憂니라

(경행록 운 지족가락 무탐즉우)

한자풀이 知(알 지)　足(만족할 족, 발 족)　務(힘쓸 무)
貪(탐할 탐)　憂(근심할 우)

숙어풀이 知足 : 만족할 줄 안다
務貪 : 탐욕에 힘쓰다

해설 <경행록>에 이르기를, "만족할 줄 알면 가히 즐거울 것이요, 탐욕에 힘쓰면 곧 근심이 있다." 고 하였다.

'지족안분(知足安分)'과 같은 뜻이다. 자신의 분수를 지켜 만족을 알고 또 그러한 자신의 처지에 만족한다면 그 삶이 즐겁고 행복할 것이다. 그러나 끊임없는 욕심으로 인해 걱정과 근심으로 살아간다면 결국은 불행해질 뿐이다. '이 세상에서 가장 부자인 사람은 현재 가진 것에 만족할 줄 아는 사람이다.' 라는 말이 있다. 자신의 분수를 알고 그것에 만족하는 사람이 가장 현명한 것이다.

知足者는 貧賤亦樂이오

不知足者는 富貴亦憂니라

(지족자 빈천역락 부지족자 부귀역우)

(한자풀이) 貧(가난할 빈) 賤(천할 천) 亦(또 역)

(숙어풀이) 貧賤 : 가난하고 천하다

富貴 : 부하고 귀하다. 재산이 많고 지위가 높다

(해설) 만족함을 아는 사람은 가난하고 비천하여도 즐거울 것이요 만족함을 모르는 사람은 부유하고 귀하여도 근심한다.

　만족할 줄 아는 사람은 비록 가난하더라도 자신의 삶이 항상 즐겁고, 만족할 줄 모르는 사람은 비록 부유하더라도 그 삶이 항상 불만과 근심의 연속일 것이다. 노자(老子)도 <도덕경(道德經)>에서 '만족할 줄 알면 부유하다(知足者富)' '만족할 줄 알면 욕되지 않고, 그칠 줄 알면 위태롭지 않고 오래 갈 수 있다(知足不辱 知止不殆 可以長久)' 라고 하였다. 따라서 참다운 행복은 우리 마음가짐에 달려 있는 것이다.

濫想은 徒傷神이오 妄動은 反致禍니라

(남상 도상신 망동 반치화)

한자풀이 濫(넘칠 람) 想(생각할 상) 徒(공연히 도) 妄(허망할 망)
動(움직일 동)

숙어풀이 濫想 : 지나친 생각. 허황된 생각
徒 : 공연히, 쓸데없이
妄動 : 망령된 행동
致禍 : 화를 부른다

해설 지나친 생각은 공연히 정신만 상할 뿐이요, 망령된 행동은 도리어
재앙을 부른다.

이 글은 자신의 분수에 넘치는 행동을 경계한 말이다. 허황된 생각이나
행동은 자신의 몸과 마음만 다치게 될 뿐 조금도 이로울 것이 없다. 자신
의 분수에 맞지 않는 말이나 행동은 삼가고, 자기가 가진 것에 만족할 줄
알아야 할 것이다.

知足常足이면 終身不辱하고

知止常止면 終身無恥니라

(지족상족 종신불욕 지지상지 종신무치)

(한자풀이) 常(항상 상) 辱(욕되게 할 욕) 止(그칠 지) 終(마칠 종)
恥(부끄러울 치)

(숙어풀이) 常足 : 항상 만족하다
知止 : 그칠 줄 안다
終身 : 평생, 살아 있는 동안
無恥 : 부끄러움이 없다

(해설) 만족할 줄 알아서 항상 만족하면 평생토록 욕되지 않고, 그칠 줄
알아서 항상 멈추면 평생토록 부끄러움이 없다.

앞에서도 노자(老子)의 말을 인용했듯이, 항상 자신의 처지에 만족할
줄 알면 평생 욕됨이 없이 살 것이고, 자신의 욕심이나 행동을 항상 그칠
줄 알면 평생 부끄러움이 없이 살 것이다. 계속 거듭되는 교훈이지만 자
신의 분수에 맞는 삶을 살아간다면 행복은 저절로 올 것이다.

書經에 曰 滿招損하고 謙受益이니라

(서 왈 만초손 겸수익)

한자풀이 滿(찰 만) 招(부를 초) 損(덜 손) 謙(겸손할 겸)
受(받을 수) 益(더할 익)

숙어풀이 滿招損 : 가득 차면 줄어든다, 교만하면 손해를 본다
謙受益 : 겸손하면 이익을 얻는다

해설 <서경>에 말하기를, "교만하면 손해를 부르고, 겸손하면 이익을 얻는다."고 하였다.

'그릇도 차면 넘친다.' '아무리 높은 권세도 십 년을 가지 못한다.' 라는 속담처럼 무슨 일이든 한 번 성공하면 쇠퇴하기 마련이고, 권력이나 명예가 절정에 이르러 교만해지면 자기 스스로 무너지게 된다. 부자일수록, 높은 지위에 있을수록 겸양의 미덕을 베풀어야 ,더 큰 이익을 얻게 된다는 교훈이다.

참고 서경(書經) : 오경(五經) 중의 하나로 '상고(上古)의 책'이라는 뜻에서 <상서(尙書)>라 하였다가 송(宋)나라 때 <서경>이라 부르게 되었다. <서경>은 요(堯), 순(舜) 2제와 우(禹), 탕(湯), 문왕(文王)과 무왕(武王) 3왕 시대에 관한 기록으로 사관에 의하여 작성된 것이며, 정치상황과 천문과 지리, 윤리, 민생 문제 등 광범위한 내용을 다루고 있다. 유교에서는 모든 경전 중 정치서로는 으뜸으로 존중해 왔다.

安分吟에 曰

安分身無辱이오 知機心自閑이라

雖居人世上이나 却是出人間이니라

(안분음 왈 안분신무욕 지기심자한 수거인세상 각시출인간)

(한자풀이) 吟(읊을 음)   機(기틀 기)   閑(한가할 한)   居(있을 거)
却(도리어 각)

(숙어풀이) 安分 : 분수에 만족하다, 자신의 처지에 만족하다
知機 : 미리 알다, 조짐을 알다
出 : 초과하다. 초월하다
却是 : 도리어. 실제로는

(해설) <안분음>에 말하기를, "편안한 마음으로 분수를 지키면 몸에 욕됨이 없을 것이요, 일의 조짐을 잘 알면 마음이 저절로 한가하다. 몸은 비록 속된 세상에 살고 있으나, 실제로는 속세를 초월한 것이다." 고 하였다.

자신의 분수를 지키고 세상 돌아가는 이치를 알고, 이에 순응하며 살아간다면 몸과 마음이 편안해지는 것은 당연하다. 이는 곧 자신이 이 세상에 살고 있지만 신선과 같다는 의미이다.

(참고) 안분음(安分吟) : 자신의 처지에 만족하며 마음을 편안히 하고 살아가는 생활을 노래한 시이다.

子曰 不在其位하면 不謀其政이니라

(자 왈 부재기위 불모기정)

(한자풀이) 位(자리 위) 謀(꾀할 모) 政(정사 정)

(숙어풀이) 其位 : 그 지위, 그 자리
其政 : 정치의 일, 정사(政事)
謀 : 꾀하다, 도모하다

(해설) 공자가 말하기를 "그 지위에 있지 않거든 그 정사를 도모하지 말아야 한다."고 하였다.

이 글은 자신의 일은 소홀히 하면서 다른 사람의 일에 쓸데없이 간섭하지 말라는 교훈이다.

존심편
存心篇

이 편은 올바른 마음가짐의 중요성을 가르치고 있다

景行錄에 云

坐密室을 如通衢하고

馭寸心을 如六馬하면 可免過니라

(경행록 운 좌밀실 여통구 어촌심 여육마 가면과)

(한자풀이) 坐(앉을 좌)　密(빽빽할 밀)　通(통할 통)　衢(네 거리 구)
　　　　　馭(말부릴 어)

(숙어풀이) 通衢 : 사방으로 통하는 큰 길, 네 거리
　　　　　寸心 : 사람의 작은 마음. 작은 뜻. 심중
　　　　　免過 : 허물을 면하다, 실수를 저지르지 않는다

(해설) <경행록>에 이르기를, "비밀스러운 방에 앉아 있어도 네 거리가
통하는 것처럼 생각하고, 작은 마음 쓰기를 마치 여섯 필의 말을 부리듯
이 하면 가히 허물을 면할 수 있다."고 하였다.

'혼자 있을 때 삼간다(愼其獨也).' 라는 말이 있다. 이는 <중용>에
나오는 말인데 아무도 보는 사람이 없지만, 행동을 함부로 하지 않고 몸
가짐을 조심한다는 뜻이다. 또한 아주 사소한 일이라도 거짓이 없이 처리
한다면 잘못을 저지르지 않게 된다는 교훈이다.

擊壤詩에 云

富貴를 如將智力求면 仲尼도 年少合封侯라

世人은 不解靑天意하고 空使身心半夜愁니라

(격양시 운 부귀 여장지력구 중니 연소합봉후 세인 불해청천의 공사신심반야수)

한자풀이) 擊(칠 격)   壤(흙덩이 양)   將(장차 장)   仲(버금 중)
　　　　尼(중 니)   封(봉할 봉)   侯(제후 후)   解(풀 해)
　　　　愁(근심 수)

숙어풀이) 將 : ~로써 할 수 있다면. ~으로써
　　　　力求 : 힘으로 구하다
　　　　仲尼 : 공자(孔子)의 자(字)를 말한다.
　　　　不解 : 이해하지 못하다
　　　　靑天 : 푸른 하늘
　　　　空 : 공연히, 부질없이, 헛되이
　　　　半夜 : 한밤중

해설) <격양시>에 이르기를, "부귀를 만일 지혜나 힘으로 구할 수 있다면 공자도 젊은 나이에 마땅히 제후에 봉해졌을 것이다. 세상 사람들은 푸른 하늘의 뜻을 알지 못하고, 공연히 몸과 마음으로 하여금 한밤중에 근심하게 한다." 고 하였다.

부귀와 명예는 모든 사람들이 바라는 것이다. 그로 인해 사람들은 이를 얻기 위하여 하늘의 뜻을 어기고 수단과 방법을 가리지 않는다. 하지만 사람의 부귀와 명예는 하늘의 뜻에 있는 것이지 지혜나 힘만으로 얻어지는 것이 아니다. 공자도 <논어(論語)>에 '인간의 생사는 운명에 매여 있고, 부귀는 하늘의 뜻에 달려 있다(死生有命 富貴在天).'라고 했다.

참고　격양시(擊壤詩) : 중국 송(宋)나라 때 소강절(邵康節)이 지은 시이다. 격양이란 원래 '땅을 치며 노래한다'는 뜻인데 이는 요(堯)나라 때의 태평세월을 노래한 <격양가>에서 따온 것이다.

范忠宣公이 戒子弟 曰

人雖至愚나 責人則明하고 雖有聰明이나 恕

己則昏이니 爾曹는 但當以責人之心으로 責

己하고 恕己之心으로 恕人하면 則不患不到聖

賢地位也니라

(범충선공 계자제 왈 인수지우 책인즉명 수유총명 서기즉혼 이조 단
당이책인지심 책기 서기지심 서인 즉불환부도성현지위야)

한자풀이) 范(성 범)　宣(베풀 선)　昏(어두울 혼)　爾(너 이)
曹(무리 조)　恕(용서할 서)　患(근심 환)　賢(어질 현)

숙어풀이) 至愚 : 지극히 어리석다
責人 : 다른 사람을 꾸짖다
恕己 : 자기를 용서하다
爾曹 : 너희들
但當 : 마땅히 ~해야 한다
不患不到 : 이르지 못할 것을 걱정하지 않는다

해설) 범충선공이 자제들을 경계하여 말하기를, "사람이 비록 어리석을지
라도 남을 꾸짖는 데는 밝고, 비록 총명하다 해도 자기를 용서하는 데는
어둡다. 그렇지만 너희들은 마땅히 남을 꾸짖는 마음으로 자신을 꾸짖고,
자기를 용서하는 마음으로 남을 용서한다면 성현의 경지에 이르지 못할

것을 걱정하지 않는다." 고 하였다.

　사람들은 자신의 잘못은 쉽게 용서하면서도, 다른 사람의 잘못은 좀처럼 용서하지 않는다. 다른 사람을 용서하기란 그리 쉬운 일은 아니다. 그러나 다른 사람을 꾸짖는 마음으로 나를 꾸짖고, 자신을 용서하는 마음으로 다른 사람을 용서한다면 그것이 바로 군자임을 가르치는 내용이다.

참고　범충선공(范忠宣公) : 중국 북송 때의 이름난 재상으로, 성이 범(范)이고 이름은 순인(純仁), 자는 요부(堯夫), 충선(忠宣)은 그의 시호이다. 성품이 강직하고 매우 효성스러워 칭송을 많이 받았다.

子 曰 聰明思睿_{라도} 守之以愚_{하고} 功被天下_{라도} 守之以讓_{하고} 勇力振世_{라도} 守之以怯_{하고} 富有四海_{라도} 守之以謙_{하라}

(자 왈 총명사예 수지이우 공피천하 수지이양 용력진세 수지이겁 부유사해 수지이겸)

한자풀이 睿(밝을 예)　被(덮을 피)　讓(사양할 양)　勇(날쌜 용)
　　　　振(떨칠 진)　怯(겁낼 겁)　謙(겸손할 겸)

숙어풀이 思睿 : 생각이 밝다, 생각이 슬기롭다
　　　　守之 : 지키다
　　　　以愚 : 어리석은 체하다. 어리석음으로써
　　　　振世 : 세상에 떨치다
　　　　四海 : 온 세상

해설 공자가 말하기를, "총명하고 생각이 뛰어나도 어리석음을 지녀야 하고, 공적이 천하를 덮는다 하여도 늘 겸양을 지녀야 하고, 용맹이 세상에 떨칠지라도 겁냄으로써 조심하여야 하고, 온 세상을 다 차지할 만큼 부유해도 겸손하여야 한다." 고 하였다.

　자신이 다른 사람들보다 총명하고, 많은 공을 세웠다 하더라도 이를 세상에 과시해서는 안 되고, 아무리 용감하고 부자일지라도 겸손해야 한다는 교훈이다. '벼는 익을수록 고개를 숙인다' 라는 말이 있다. 아는 것이 많고 가진 것이 많은 사람일수록 겸양의 미덕을 지녀야 할 것이다.

素書에 云

薄施厚望者는 不報하고 貴而忘賤子는 不久니라

(소서 운 박시후망자 불보 귀이망천자 불구)

(한자풀이) 素(흴 소)　　　　薄(엷을 박, 적을 박)　　施(베풀 시)
　　　　　厚(두터울 후)　　賤(천할 천)　　　　　久(오랠 구)

(숙어풀이) 薄施 : 적게 베풀다(博施 : 널리 베풀다)
　　　　　厚望 : 많이 바라다
　　　　　不報 : 보답이 없다
　　　　　不久 : 오래가지 못하다

(해설) 소서(素書)에 이르기를, "적게 베풀고 많은 것을 바라는 사람에게는 보답이 없고, 지위가 높다고 해서 신분이 낮은 자를 소홀히 하는 자는 오래가지 못한다." 고 하였다.

　선행(善行)은 어디까지나 선행 그 자체일 뿐 어떤 큰 대가를 바라고 작은 선행을 베푼다면 그것은 결코 바람직한 것이 아니다. 가난하고 어려운 처지에 있는 사람들을 남모르게 도와준다면 언젠가는 그 보답이 스스로 찾아올 것이다. 또한 '개구리가 올챙이 적 생각 못한다' 라는 속담이 있듯이 지금의 부귀와 명예만 생각하고 교만하다면 그것은 결코 오래가지 못할 것이다. 자신이 최고일 때 항상 겸손해야 함을 잊지 말아야 한다.

(참고) 소서(素書) : 중국 한나라 때 병법가(兵法家)인 황석공(黃石公)이 장량(張良)에게 전해 준 병서(兵書)이다.

施恩勿求報하고 與人勿追悔하라

(시은물구보 여인물추회)

(한자풀이) 與(줄 여)   追(따를 추, 쫓을 추)   悔(뉘우칠 회, 후회할 회)

(숙어풀이) 施恩 : 은혜를 베풀다
　　　　 與人 : 남에게 주다
　　　　 追悔 : 후회하다

(해설) 은혜를 베풀었거든 그 보답을 구하지 말고, 남에게 주었거든 뒤에 후회하지 말라.

　어떤 대가를 바라며 누군가에게 은혜를 베풀었다면 그것은 이미 은혜가 아니다. 진정으로 그 사람을 불쌍히 여기는 마음에서 은혜를 베풀어야 할 것이다. 또 돈이든 물건이든 한 번 다른 사람에게 주었으면 후회하는 일은 없어야 할 것이다.

孫思邈 曰

膽欲大而心欲小하고 知欲圓而行欲方이니라

(손사막 왈 담욕대이심욕소 지욕원이행욕방)

(한자풀이) 邈(멀 막)　膽(쓸개 담)　圓(둥글 원)

(숙어풀이) 膽 : 담력, 충심(忠心)
　　　　膽欲大 : 담력을 크게 갖다
　　　　心欲小 : 마음가짐을 작게 갖다

(해설) 손사막이 말하기를, "담력은 크게 가지되 마음가짐은 섬세해져야 하고, 지혜는 원만하게 가지되 행실은 방정해야 해야 한다."고 하였다.

　사람은 어떤 일에 부닥치든 담력, 즉 용기가 있어야 하고 마음가짐은 무슨 일이든 소홀함이 없게 신중해야 하고, 지혜는 풍부해야 하며 행동은 바르고 곧아야 함을 가르치고 있다.

(참고) 손사막(孫思邈) : 중국 당(唐)나라 때의 학자이자 의술가로 손진인(孫眞人)이라고도 한다. 음양학과 천문학 등에 능통하여 당나라 태종, 고종이 벼슬을 주려고 했으나 사양하고 태백산에 은거하며 저작에만 몰두하였다. 당나라 때의 대표적 의서인 <비급천금요방(備急千金要方)> 30권과 <천금익방(千金翼方)> 30권을 펴냈다.

念念要如臨戰日하고 心心常似過橋時니라

(염염요여임전일 심심상사과교시)

念(생각할 념)   要(반드시 요)   臨(임할 림)   戰(싸울 전)
似(같을 사)   橋(다리 교)

念念 : 생각하는 일마다
要 : 반드시 ~해야 한다
臨戰 : 전쟁에 임하다
心心 : 마음먹을 때마다
常似 : 항상 ~같이 하라
過橋 : 다리를 건너다

해설 생각하는 것은 마치 싸움터에 나아갔을 때와 같이 하고, 마음은 항상 다리를 건널 때처럼 조심해야 한다.

생각하는 것을 마치 싸움터에 나갔을 때와 같이 하라는 뜻은, 신중하지 못한 생각은 경박한 행동으로 나타나게 마련이므로 이는 자신에게 해가 될 것이고, 마음은 항상 다리를 건너는 때처럼 하라는 것은, '아는 길도 물어 가라'는 속담이 있듯이 항상 모든 일에 신중하고 조심한다면 어리석은 실수는 저지르지 않을 것이라는 교훈을 담고 있다.

懼法朝朝樂이오 欺公日日憂니라

(구법조조락 기공일일우)

(한자풀이) 懼(두려워할 구)   朝(아침 조)   欺(속일 기)

(숙어풀이) 懼法 : 법을 두려워하다
　　　　 欺公 : 공정함을 속이다

(해설) 법을 두려워하면 아침마다 즐거울 것이요, 공정함을 속이면 날마다 근심한다.

　무슨 일을 하든지 공명정대하게 처리하는 마음가짐이야말로, 날마다 편안하고 즐거운 생활을 할 수 있는 길임을 일깨워주는 교훈이다.

朱文公 曰 守口如瓶_{하고} 防意如城_{하라}

(주문공 왈 수구여병 방의여성)

(한자풀이) 瓶(병 병)   防(막을 방)   城(성 성)

(숙어풀이) 守口 : 입을 지키다. 입을 다물다

　　　　　如瓶 : 병마개를 막아놓듯이 하다

　　　　　防意 : 지나친 욕심을 막다

　　　　　如城 : 성을 지키듯 하다

(해설) 주문공이 말하기를, "입을 지키는 것은 병마개를 막듯이 하고, 욕심을 막기를 성을 지키듯이 하라."고 하였다.

　'사람을 해치는 말은 날카롭기가 가시 같아서 사람을 해침이 칼로 베는 것 같다'고 하였다. 한 번 내뱉은 말은 엎질러진 물처럼 다시 주워 담을 수 없으므로 다른 사람에게 상처가 될 수 있는 말은 함부로 하지 말라는 뜻이고, 지나친 욕심으로 인해 자신은 물론 집안까지 망칠 수 있으니 욕심이 생기는 마음을 적을 막는 성처럼 견고하게 하라는 뜻이다.

(참고) 주문공(朱文公) : 중국 남송(南宋) 때의 유명한 사상가로 이름은 희(熹), 자는 원회(元晦), 호는 회암(晦庵), 문공(文公)은 그의 시호이다. 주자학(朱子學)을 구축하였으며 주자(朱子)는 그의 존칭이다. 주희의 학문은 주돈이, 정호, 정이, 장재를 중심으로 북송의 신학풍을 받아 성리학을 집대성하였다. 이정과 함께 '정주(程朱)'로 불리며 그의 학파를 정주학파(程朱學派)라 불렀다. 주요 저서로는 여조겸과 함께 <근사록(近思錄)>을 편찬하였고, <사서집주(四書集註)>, <소학(小學)>, <의례경전통해(儀禮經傳通解)> 등이 있다.

心不負人이면 面無慙色이니라

(심불부인 면무참색)

한자풀이) 負(저버릴 부)   面(얼굴 면)   慙(부끄러울 참)

숙어풀이) 負人 : 남을 저버리다, 남을 배반하다
慙色 : 부끄러운 기색

해설) 마음으로 남을 저버리지 않으면 얼굴에 부끄러운 빛이 없다.

사람의 마음은 흔히 얼굴에 나타나기 마련이다. 마음이 맑으면 얼굴빛도 맑고, 마음이 슬프면 얼굴빛도 자연 어두워진다. 자신이 떳떳하다면 얼굴에 부끄러운 기색이 있을 리 만무하다. 맹자는 '위로 하늘에 부끄러운 것이 없고, 아래로 사람들에게 부끄러운 것이 없다(仰不愧於天 俯不怍於人)' 라고 하였다. 마음과 행동을 한결같이 하여 양심에 가책을 받는 부끄러운 일이 없도록 해야 할 것이다.

人無百歲人이나 枉作千年計니라

(인무백세인 왕작천년계)

(한자풀이) 歲(해 세)   枉(굽을 왕)   計(계획 계, 꾀 계)

(숙어풀이) 枉作 : 헛되이(부질없이) 계획하다

(해설) 백 살을 사는 사람이 없건만 헛되이 천년의 계획을 세운다.

　사람이 백 살까지 사는 것은 지극히 드문 일이다. 그런데도 사람들은 자신이 마치 천 년이나 사는 것처럼 분수도 모르고 헛된 계획을 세워 시간만 낭비하고 있음을 가르치고 있다.

寇萊公 六悔銘에 云

官行私曲失時悔요 富不儉用貧時悔요

藝不少學過時悔요 見事不學用時悔요

醉後狂言醒時悔요 安不將息病時悔니라

(구래공 육회명 운 관행사곡실시회 부불검용빈시회 예불소학과시회 견
사불학용시회 취후광언성시회 안부장식병시회)

한자풀이 寇(도둑 구)   萊(명아주 래)   悔(뉘우칠 회)   曲(굽을 곡)
         儉(검소할 검)   藝(기예 예)   醉(취할 취)   狂(미칠 광)
         醒(깰 성)   息(숨쉴 식)   病(병 병)

숙어풀이 官行 : 관직에 있으면서

         私曲 : 사사롭고 바르지 못하다

         時悔 : ~할 때 후회하다

         儉用 : 검소하게 아껴쓰다

         狂言 : 함부로 하는 말

         將息 : 편안하게 쉬다

해설 구래공이 <육회명>에 이르기를, "벼슬아치가 사사로운 일을 행하
면 벼슬을 잃을 때 후회하게 되고, 돈을 검소하게 아껴 쓰지 않으면 가난
하게 되었을 때 후회하게 되고, 재주를 믿고 젊어서 배우지 않으면 시기
가 지났을 때 후회하게 되고, 일을 보고 배우지 않으면 필요하게 되었을
때 후회하게 되고, 술에 취해 함부로 말하면 술이 깨었을 때 후회하게 되

고, 몸이 건강할 때 조심하지 않으면 병이 들었을 때 후회하게 될 것이다.”고 하였다.

이 글은 공직에 있는 사람은 청렴하게 일을 수행하고, 부유한 사람은 검소해야 하며, 젊었을 때 기술을 익히고, 술에 취해서는 경솔하게 함부로 행동하지 말고, 건강할 때 건강을 지켜야 평생 후회하는 일이 없다는 것을 강조하고 있다. 후회는 아무리 빨라도 이미 늦은 것이니 뒤늦게 후회하지 않도록 항상 노력해야 한다.

참고 구래공(寇萊公) : 중국 송(宋)나라 때의 재상으로 이름은 준(準), 자는 평중(平仲), 시호는 충민(忠愍)이다. 요나라의 침략을 물리친 공로로 내국공(萊國公)에 봉해져 이에 구래공이라 불렸다.
육회명(六悔銘) : 여섯 자기 후회할 일들을 경계하는 글

益智書에 云

寧無事而家貧이언정 莫有事而家富요

寧無事而住茅屋이언정 不有事而住金屋이요

寧無病而食麤飯이언정 不有病而服良藥이니라.

(익지서 운 영무사이가빈 막유사이가부 영무사이주모옥 불유사이주금
옥 영무병이식추반 불유병이복양약)

한자풀이 寧(차라리 녕, 편안할 녕)　　茅(띠 모)　　屋(집 옥)
麤(거칠 추)　服(복용할 복)　良(좋을 양)　藥(약 약)

숙어풀이 寧~ 莫~ : 차라리 ~할지언정 ~하지 말라
茅屋 : 초가집, 허술한 집, 자기 집을 낮출 때 쓰인다.
麤飯 : 거친 밥

해설 <익지서>에 이르기를, "차라리 아무 탈이 없이 집안이 가난할지
언정 탈이 있고 부자되지 말 것이요, 차라리 탈이 없이 나쁜 집에서 살지
언정 탈이 있고서 좋은 집에서 살지 말 것이요, 차라리 병이 없고서 거친
밥을 먹을지언정 병이 있고서 좋은 약을 먹지 말 것이다."고 하였다.

이는 비록 가난하더라도 건강하고 별 탈 없이 사는 것이, 부자지만 병
이 들었거나 불행한 사람보다 낫다는 것을 의미한다. 인간의 행복은 반드
시 좋은 집에서 호의호식하며 부유하게 사는 데 있지 않다는 것을 깨닫게
하는 글이다.

心安茅屋穩이오 性定菜羹香이니라

(심안모옥온 성정채갱향)

한자풀이 穩(평온할 온)   菜(나물 채)   羹(국 갱)   香(향기 향)

숙어풀이 心安 : 마음이 편안하다

性定 : 성품이 안정되면

菜羹 : 나물 국, 험한 음식

해설 마음이 편안하면 초가집도 편안하고 성품이 안정되면 나물국도 향기롭다.

　마음이 편안하면 비록 누추한 집이라도 살기 좋을 것이고, 성품이 온화하고 너그러우면 하찮은 음식이라도 진수성찬 못지않게 맛이 있다는 뜻이다. 이처럼 사람의 행복은 물질적인 풍요로움보다는 편안한 마음가짐과 안정된 성품에 달려있으니, 자기의 분수에 만족할 줄 아는 지혜가 필요하다.

景行錄에 云

責人者는 不全交요 自恕者는 不改過니라

(경행록 운 책인자 부전교 자서자 불개과)

(한자풀이) 責(꾸짖을 책)   全(온전할 전)   交(사귈 교)   改(고칠 개)

(숙어풀이) 全交 : 온전하게 사귀다

改過 : 잘못을 고치다, 잘못을 뉘우치다

(해설) <경행록>에 이르기를, "남을 잘 꾸짖는 사람은 온전히 사귀지 못하고, 자기를 용서하는 사람은 자신의 잘못을 고치지 못한다."고 하였다.

'다른 사람을 꾸짖는 마음으로 자신을 꾸짖고, 자신을 용서하는 마음으로 다른 사람을 용서하라.' 라는 말이 앞에서도 언급이 되었지만 이렇듯 자신의 잘못은 덮어두고, 다른 사람의 잘못만을 탓하는 사람은 대인 관계가 원만할 수 없고, 자신의 잘못을 스스로 용서하는 사람은 그 잘못을 깨닫지 못하니, 자신의 잘못된 점을 바로잡기 어렵다는 교훈이다.

夙興夜寐^{하여} 所思忠孝者_는 人不知_나 天必

知之_요 飽食煖衣^{하여} 怡然自衛者_는 身雖安_이

나 其如子孫_에 何_오

(숙흥야매 소사충효자 인부지 천필지지 포식난의 이연자위자 신수안
기여자손 하)

한자풀이 夙(일찍 숙)   寐(잠잘 매)   飽(배부를 포)   煖(따뜻할 난)
衛(지킬 위)   何(어찌 하)   怡(편안할 이)

숙어풀이 夙興夜寐 : 아침 일찍 일어나고 밤늦게 잔다
飽食暖衣 : 배 불리 먹고 따뜻하게 입는다
怡然 : 편안한 모습, 즐거워하는 모습
其如 ~何 : ~을 어찌하겠는가

해설 아침 일찍 일어나 밤늦게 잠들 때까지 충성과 효도를 생각하는 사
람은 남이 알아주지 않더라도 하늘이 반드시 알 것이요, 배불리 먹고 따
뜻이 입고서 편안하게 제 몸 하나만 지키는 사람은 몸은 비록 편안하더라
도 그 자손들은 과연 어찌 될 것인가.

남은 비록 알아주지 않지만 부모에게 효도하고 나라에 충성하면 언젠가
는 그만한 대가를 얻게 될 것이고, 반대로 자신만을 생각하는 이기적인
사람은 자신은 편안할지 몰라도 그의 자손들에게는 아무런 도움이 되지
못한다는 것을 의미하고 있다.

以愛妻子之心으로 事親則曲盡其孝요

以保富貴之心으로 奉君則無往不忠이요

以責人之心으로 責己則寡過요

以恕己之心으로 恕人則全交니라

(이애처자지심 사친즉곡진기효 이보부귀지심 봉군즉무왕불충 이책인지심 책기즉과과 이서기지심 서인즉전교)

(한자풀이) 愛(사랑 애) 妻(아내 처) 親(어버이 친) 盡(다될 진)

往(갈 왕) 寡(적을 과)

(숙어풀이) 以~ 之心~ : ~하는 마음으로

曲盡 : 마음과 정성이 지극하다

無往不忠 : 어느 곳이나, 어떤 경우에나 충성하지 않음이 없다

寡過 : 허물이 적다

(해설) 아내와 자식을 사랑하는 마음으로 어버이를 섬긴다면 그 효성이 극진할 것이요, 부귀를 지키려는 마음으로 임금을 받든다면 언제나 충성이 아닐 때가 없을 것이요, 남을 꾸짖는 마음으로 자기를 꾸짖는다면 허물이 적을 것이요, 자기를 용서하는 마음으로 남을 용서한다면 사귐을 온전히 할 수 있을 것이다.

이는 아내나 자식을 사랑하는 것처럼 아무런 조건 없이 희생적인 사랑으로 부모님을 모신다면 그 이상의 효도는 없을 것이고, 자신의 소중한

재산이나 명예를 지키는 마음으로 나라에 충성한다면 언제 어디서나 나라의 소중함을 알게 될 것이고, 자신에게 잘못이 있을 때 다른 사람을 탓하는 마음으로 자신을 탓한다면 그 잘못이 적어질 것이고, 다른 사람의 잘못을 마치 자신을 용서하는 마음으로 다른 사람을 용서한다면 사람들과의 관계는 자연 원만해질 것을 의미하고 있다.

爾謀不臧이면 悔之何及이며

爾見不長이면 敎之何益이리오

利心專心則背道요 私意確則滅公이니라

(이모부장 회지하급 이견부장 교지하익 이심전심즉배도 사의확즉멸공)

謀(꾀할 모) 臧(착할 장) 敎(가르침 교) 專(오로지 전)
 背(어길 배) 確(굳을 확) 滅(멸망할 멸)

爾謀 : 너의 꾀

 不臧 : 좋지 않다

 爾見 : 너의 소견

 何及 : ~에 미치겠는가

 背道 : 도리에 어긋나다, 도리를 어기다

해설 너의 꾀가 옳지 못하면 후회한들 무슨 소용이 있으며, 너의 소견
이 훌륭하지 못하면 가르친들 무슨 이익이 있겠는가. 마음에 이익만 생각
하면 도리에 어긋나고, 뜻이 굳으면 공정함을 해치게 된다.

 어떤 일을 도모함에 있어 그 방법이 옳지 않다면 결과 또한 마찬가지이
다. 때늦은 후회만 있을 뿐이다. 또 자신의 좁은 소견만으로 그 뜻을 굽히
지 않는다면 학식이 높은들 아무 소용이 없고, 오로지 자신의 이익만을
생각한다면 이는 바른 도리에 어긋나는 것이고, 개인적인 욕심으로 공적인
일에 관여한다면 도리어 이를 망치는 결과만 초래할 뿐이다.

生事면 事生이오 省事면 事省이니라

(생사 사생 성사 사성)

한자풀이 事(일 사) 省(줄일 생, 살필 성)

숙어풀이 生事 : 일을 만들다
事生 : 일이 생기다
省事 : 일을 덜다
事省 : 일이 줄다

해설 일을 만들면 일이 생기고 일을 덜면 일이 줄어든다.

이는 일을 처리하는 데 있어 요령과 계획성이 필요함을 강조한 말이다. 무릇 일이란 벌이면 벌일수록 많아지고 덜면 덜수록 줄어들게 마련이다. 따라서 꼭 필요하지도 않은 일을 만들어 자신이 감당할 수 없어 오히려 일을 망치는 경우가 있다. 일이 많다고 다 좋은 것만은 아닐 것이다. 아무리 좋은 일이라도 자신이 감당할 수 있어야만 한다.

계성편
戒性篇

이 편은 자신의 성품을 늘 경계하여
참고 인내하는 미덕을 가르치고 있다

景行錄에 云

人性이 如水하야 水一傾則不可復이오 性一
縱則不可反이니 制水者는 必以堤防하고 制
性者는 必以禮法이니라

(경행록 운 인성 여수 수일경즉불가복 성일종즉불가반 제수자 필이제
방 제성자 필이예법)

(한자풀이) 傾(기울 경)   復(돌아올 복)   縱(방종할 종, 늘어질 종)
制(부릴 제)   堤(방죽 제)   防(막을 방)   禮(예도 례)

(숙어풀이) 不可復 : 회복할 수 없다
不可反 : 돌이킬 수 없다
制性 : 성품을 제어하다(성품을 바로 잡다)

(해설) <경행록>에 이르기를, "사람의 성품은 물과 같아서 한 번 엎질러
지면 다시 담을 수 없듯이, 사람의 성품은 한 번 방종해지면 다시 돌이킬
수 없다. 물을 막으려면 반드시 둑을 쌓아야 하고, 성품을 바로 잡으려면
반드시 예법으로 해야 한다." 고 하였다.

이는 사람의 성품을 물에 비유한 것인데 물이 한 번 엎질러지면 다시
담을 수 없듯이 성품 또한 마찬가지이다. 성품은 어렸을 때 이루어지는
것이므로 어렸을 때부터 자신의 성품을 잘 다스릴 수 있는 예법을 가르쳐
야 한다는 것을 의미한다.

忍一時之忿이면 免百日之憂이니라

(인일시지분 면백일지우)

(한자풀이) 忍(참을 인)   忿(성낼 분)   免(면할 면)

(숙어풀이) 一時 : 한 때, 잠시

百日之憂 : 백일 동안의 걱정과 근심

(해설) 한때의 분한 것을 참으면 백일의 근심을 면할 수 있다.

이는 한순간의 분노를 참지 못해 큰 실수를 범하거나, 그로 인한 걱정으로 평생 후회하게 될 것을 경계하는 말이다.

得忍且忍이오 得戒且戒하라

不忍不戒면 小事成大니라

(득인차인 득계차계 불인불계 소사성대)

得(한자풀이) 得(얻을 득)   且(또 차)

(숙어풀이) 得忍 : 참을 수 있으면

且忍 : 또 참다

不忍 : 참지 않으면, 차마 하기 어렵다

不戒 : 경계하지 않으면

(해설) 참고 또 참으며 경계하고 또 경계하라. 참지 않고 경계하지 않으면 작은 일이 크게 된다.

'참을 인자 하나가 세상의 어려운 일을 해결하는 좋은 묘책이다.' 라는 말이 있다. 이처럼 참고 미리 조심하면 무사하게 끝날 일도 한순간 참지 못하고 미리 조심하지 않음으로써 감당할 수 없는 큰일이 된다는 뜻이다.

愚濁生嗔怒는 皆因理不通이라 休添心上火하

고 只作耳邊風하라 長短은 家家有요 炎凉은

處處同이라 是非無實相하야 究竟摠成空이니라

(우탁생진노 개인리불통 휴첨심상화 지작이변풍 장단가가유 염량처처
동 시비무실상 구경총성공)

한자풀이 愚(어리석을 우)   濁(흐릴 탁)   嗔(성낼 진)   添(더할 첨)
只(다만 지)   邊(가 변)   短(짧을 단)   炎(더울 염)
凉(서늘할 량)   實(참 실)   究(따질 구)   竟(마침내 경)
摠(모두 총)   空(빌 공)

숙어풀이 愚濁 : 어리석고 흐릿하다(어둡다)
嗔怒 : 크게 화내다
皆因 : 모두 ~하기 때문에
休 : ~하지 말라
耳邊 : 귓가
炎凉 : 따뜻하고 서늘한 것. 인정이 후하고 박함
* 炎凉世態(염량세태) : 권세가 있을 때는 아부하고 몰락했을 때
는 푸대접하는 세상
究竟 : 마침내, 결국
成空 : 비게 된다, 부질없다(헛되다)

해설 어리석고 흐린(못난) 사람이 크게 화를 내는 것은 이치를 알지 못

계성편 123

하기 때문이다. 격렬해진 마음에 화를 더하지 말고 다만 귓전을 스치는 바람결로 여겨라. 장점과 단점은 집집마다 있고, 따뜻하고 서늘한 것은 어디에나 같으니. 옳고 그름이란 피차 실상이 없어서 마침내는 모두가 다 부질없다.

어리석고 변변치 못한 사람이 화를 내는 것은 일의 이치를 모르기 때문이다. 그러므로 비록 그 사람이 화를 돋우는 말이나 행동을 보이더라도 한순간 귓전을 스치는 바람처럼 한쪽 귀로 듣고 한쪽 귀로 흘려버리고 마음에 두지 말아야 한다. 또 사람은 누구에게나 장단점이 있고, 권력을 좇아 아부하는 것이 세상인심이다. 그러므로 세상에 옳고 그름을 따진들 모두가 부질없는 일일 것이다.

子張이 欲行에 辭於夫子할새 願賜一言이 爲
修身之美하노이다 子 曰 百行之本이 忍之爲
上이니라 子張이 曰 何爲忍之닛고 子 曰 天
子忍之면 國無害하고 諸侯忍之면 成其大하고
官吏忍之면 進其位하고 兄弟忍之면 家富貴하
고 夫妻忍之면 終其世하고 朋友忍之면 名不
廢하고 自身忍之면 無禍害니라

(자장 욕행 사어부자 원사일언 위수신지미 자 왈 백행지본 인지위상
자장 왈 하위인지 자 왈 천자인지 국무해 제후인지 성기대 관리인지
진기위 형제인지 가부귀 부처인지 종기세 붕우인지 명불폐 자신인지
무화해)

(한자풀이) 辭(하직할 사)   賜(줄 사)   害(해칠 해)   侯(임금 후)
　　　　　 吏(벼슬아치 리)   朋(벗 붕)   廢(폐할 폐)

(숙어풀이) 欲行 : 길을 떠나려하다
　　　　　 願賜 : 해주기를 원하다
　　　　　 百行之本 : 모든 행실의 근본
　　　　　 何爲 : 무엇 때문에
　　　　　 成其大 : 크게 이루고
　　　　　 終其世 : 일생을 함께 하다(해로하다)

자장이 떠나고자 공자께 여쭈기를,

"마음과 행실을 바르게 할 방법을 한마디로 말씀해 주십시오."

공자가 말하기를,

"모든 행실의 근본은 참는 것이 그 으뜸이다."

자장이 말하기를, "참는다는 것은 무엇입니까?"

공자가 말하기를,

"천자가 참으면 나라에 해가 없고, 제후가 참으면 큰 나라를 이룩하고, 관리가 참으면 그 지위가 올라가고, 형제가 서로 참으면 집안이 부귀하고, 부부가 참으면 일생을 해로할 수 있고, 친구끼리 서로 참으면 명예를 잃지 않고, 자신이 참으면 재앙이 없다."고 하였다.

참고 자장(子張) : 공자의 제자로 중국 진(陳)나라 사람이다. 성은 전손(顓孫), 이름은 사(師), 자장은 그의 자(字)이다. 성품이 좋고 언변에 능했다고 한다.

子張이 曰 不忍則如何닛고 子ㅣ 曰 天子不忍이면 國空虛하고 諸侯不忍이면 喪其軀하고 官吏不忍이면 刑法誅하고 兄弟不忍이면 各分居하고 夫妻不忍이면 令子孤하고 朋友不忍이면 情意疎하고 自身不忍이면 患不除니라 子張이 曰 善哉善哉라 難忍難忍이여 非人不忍이요 不忍非人이로다

(자장 왈 불인즉여하 자 왈 천자불인 국공허 제후불인 상기구 관리 불인 형법주 형제불인 각분거 부처불인 영자고 붕우불인 정의소 자신 불인 환부제 자장 왈 선재선재 난인난인 비인불인 불인비인)

善哉 : 참으로 좋다(훌륭하다)

難忍 : 참는 것은 어렵다

(해설) 자장이 물었다.

"참지 않으면 어떻게 됩니까?"

공자가 말하기를,

"천자가 참지 않으면 나라가 황폐해질 것이고, 제후가 참지 않으면 그 몸을 잃어버리고, 관리가 참지 않으면 형법에 의하여 죽게 되고, 형제가 참지 않으면 각각 헤어져서 따로 살게 되고, 부부가 참지 않으면 자식을 외롭게 하게 되고, 친구끼리 참지 않으면 정과 뜻이 서로 멀어지고, 자신이 참지 않으면 근심이 없어지지 않는다."

자장이 말하기를,

"참으로 좋고도 좋으신 말씀이로다. 아 아, 참는 것은 참으로 어렵도다. 사람이 아니면 참지 못할 것이요, 참지 못하면 사람이 아니로다."고 하였다.

景行錄에 云

屈己者는 能處重하고 好勝者는 必遇敵이니라

(경행록 운 굴기자 능처중 호승자 필우적)

한자풀이 屈(굽힐 굴) 能(능할 능) 重(중할 중) 勝(이길 승)
　　　　遇(만날 우) 敵(원수 적)

숙어풀이 屈己 : 자기를 굽히다
　　　　處重 : 중요한 지위에 처하다(지위를 얻다)
　　　　好勝 : 이기기를 좋아하다(이기고자 하는 마음이 강하다)
　　　　遇敵 : 적을 만나다

해설　<경행록>에 이르기를, "자기 뜻을 굽힐 줄 아는 사람은 능히 중책을 맡을 것이고, 이기기를 좋아하는 사람은 반드시 적을 만난다." 고 하였다.

　이 글은 사람은 언제나 겸손해야 함은 물론 자신을 과시하려는 그릇된 태도를 경계하고 있다. 자신의 의사보다는 상대방의 인격과 의사를 존중하는 사람은 자연 그 위치가 높아질 것이고, 반면에 무조건 상대방을 이기려고 드는 사람은 그 이기적인 욕심으로 인해 언젠가는 자신보다 강한 사람을 만나 큰 해를 입게 될 수도 있다는 뜻이다.

惡人이 罵善人거든 善人은 摠不對하라

不對는 心淸閑이오 罵者는 口熱沸니라

正如人唾天하여 還從己身墜니라

(악인 매선인 선인 총부대 부대 심청한 매자 구열비 정여인타천 환
종기신추)

(한자풀이) 罵(꾸짖을 매)　摠(모두 총)　對(대답할 대)　熱(뜨거울 열)
沸(끓을 비)　唾(침 타)　墜(떨어질 추)

(숙어풀이) 淸閑 : 맑고 한가하다
熱沸 : 뜨겁게 끓어오르다. 몸이 달아서 시끄럽게 떠들다
正如 : 바로(마치) ~와 같다
唾天 : 하늘을 보고 침을 뱉다
身墜 : 몸에 떨어지다

(해설) 악한 사람이 착한 사람을 꾸짖거든 착한 사람은 대꾸하지 말라.
대꾸하지 않는 사람은 마음이 맑고 한가하나, 꾸짖는 사람은 몸이 달아서
시끄럽게 떠들어 댄다. 이는 마치 사람이 하늘에다 대고 침을 뱉는 것과
같아서 그것이 도로 자기 몸에 떨어지는 것과 같다.

'누워서 침 뱉기' 라는 말이 있다. 다른 사람을 헐뜯거나 욕을 한다면
결국 그것은 자신에게 되돌아오게 마련이다. 비록 누군가가 자신을 비방할
지라도 상대하지 않으면 그만인 것이다.

我若被人罵라도 佯聾不分說하라

譬如火燒空하여 不救自然滅이라

我心은 等虛空이어늘 摠爾飜脣舌이니라

(아약피인매 양롱불분설 비여화소공 불구자연멸 아심등허공 총이번순
설)

(한자풀이) 佯(거짓 양)　　聾(귀머거리 롱)　　譬(비유할 비)

　　　　　燒(불탈 소)　　等(같을 등, 가지런할 등)

　　　　　飜(뒤집힐 번)　　脣(입술 순)　　　　舌(혀 설)

(숙어풀이) 被人罵 : 남에게 욕설을 듣다

　　　　　佯 : (거짓으로) ~인 체하다

　　　　　不分說 : 가려서(따져서) 말하지 않는다. 반박하지 않는다

　　　　　譬如 : 비유하면. 예를들면

　　　　　飜脣舌 : 입술과 혀가 뒤척이다(나불거리다, 놀려지다)

(해설) 내가 만약 남에게 욕설을 듣더라도 귀먹은 체하고 시비를 가려서
말하지 않는다. 마치 불이 아무것도 없는 허공에서 타다가 끄지 않아도
저절로 꺼지는 것처럼, 내 마음은 아무것도 없는 허공과 같거늘 도무지
너의 입술과 혀만이 번거로울 뿐이다.

　앞의 내용과 마찬가지로 자신을 비방하는 소리를 듣더라도 상대하지 않
으면 그만이고 오히려 비방하는 사람만이 수고로울 뿐이다.

凡事에 留人情이면 後來에 好相見이니라

(범사 유인정 후래 호상견)

(한자풀이) 留(머무를 류)   情(뜻 정)   好(좋을 호)   相(서로 상)

(숙어풀이) 凡事 : 모든 일
留人情 : 인정을 남기다(인정을 베풀다)
後來 : 뒷날, 나중에

(해설) 모든 일에 인정을 남겨 두면, 뒷날 만났을 때 좋은 낯으로 서로 보게 된다.

'은혜와 의리를 베풀어라. 인생살이 어느 곳에서 서로 만나지 않겠는가. 원수와 원한을 맺지 말라. 길 좁은 곳에서 마주치면 피하기 어렵다.' 앞의 계선편에 나오는 말이다. 이처럼 사람은 언제나 다른 사람에게 인정을 베풀고 따뜻하게 대해야 한다. 언제 어디서 어떻게 만날지 모를 일이다.

근학편
勤學篇

이 편은 올바른 삶을 살아가기 위해서는
열심히 배워야 한다는 것을 가르치고 있다

子曰

博學而篤志하고 切問而近思면 仁在其中矣니라

(자 왈 박학이독지 절문이근사 인재기중의)

한자풀이 博(넓을 박) 篤(돈독할 독) 切(간절히 절) 問(물을 문)

숙어풀이 博學 : 널리 배우다, 학식이 넓고 아는 것이 많다
篤志 : 뜻을 독실하게 세우다.
切問 : 간절히 묻다
近思 : 절실하게 생각하다. 가까운 것부터 생각하다

해설 공자가 말하기를, "널리 배워서 뜻을 독실하게 하고, 간절하게 묻고 잘 생각하면 인(仁)은 그 가운데에 있다."고 하였다.

인(仁)을 실천하는 것이 다른 것이 아니라 많이 배워 도리에 밝아지고, 뜻을 돈독히 하여 자신의 신념을 확고히 하고, 모르는 것이 있으면 철저하게 물어 깨닫고, 먼 곳에 뜻을 두지 말고 자신이 할 수 있는 도리를 잘 생각한다면 그것이 바로 인을 실천하는 길인 것이다.

莊子 曰 人之不學은 如登天而無術하고

學而智遠이면 如披祥雲而覩靑天하고

登高山而望四海니라

(장자 왈 인지불학 여등천이무술 학이지원 여피상운이도청천 등고산
이망사해)

登(오를 등)　　術(꾀 술)　智(지혜 지)　披(헤칠 피)
祥(상서로울 상)　覩(볼 도)　望(바랄 망)

登天 : 하늘에 오르다
智遠 : 지혜가 멀리까지 미치다(깊어지다)
披祥雲 : 상서로운 구름을 헤치다
四海 : 사방의 바다, 온 세상

해설　장자가 말하기를, "사람이 배우지 않는 것은 하늘을 오르면서 아무
수단이 없는 것과 같고, 배우면 지혜가 심원해져 상서로운 구름을 헤치고
푸른 하늘을 보는 것과 같고, 산에 올라 사해를 바라보는 것과 같다."고
하였다.

　아무리 총명한 사람이라도 배우지 않는다면 이는 어둠 속을 헤매는 것
과 같다. 배우고 익혀 비로소 아는 것이 많으면 어둠은 사라지고 높은 산
에 올라 온 세상을 내려다보듯 세상 이치를 깨닫게 된다는 뜻이다.

禮記에 曰

玉不琢이면 不成器하고 人不學이면 不知義니라

(예기 왈 옥불탁 불성기 인불학 부지의)

(한자풀이) 琢(다듬을 탁, 쫄 탁) 器(그릇 기)

(숙어풀이) 不琢 : 다듬지 않는다

不成器 : 그릇을 이루지 못한다(만들지 못한다)

不學 : 배우지 않는다

不知義 : 의를 알지 못한다, 도리를 모른다

(해설) <예기>에 말하기를, "옥은 다듬지 않으면 그릇이 되지 못하고, 사람은 배우지 않으면 의를 알지 못한다." 고 하였다.

　　귀한 옥이라도 갈고 다듬지 않으면 그릇이 될 수 없듯이 사람 또한 마찬가지이다. 아무리 총명하고 똑똑한 사람일지라도 배우지 않으면 사람의 도리를 모르게 되니 모름지기 배워 그 옳고 그름을 깨달아야 한다.

(참고) 예기(禮記) : 중국 고대 유가(儒家) 경전인 오경(五經)의 하나로, 예법의 이론과 실제를 수록한 책이다. 분명하지는 않지만 전한(前漢)의 대성(戴聖)이 편찬한 것으로 알려진다. 지금은 49편이 전하는데 곡례(曲禮), 왕제(王制), 월령(月令), 예운(禮運), 예기(禮器), 학기(學記), 악기(樂記), 제의(祭儀), 관의(冠儀), 혼의(婚儀) 등과 사서(四書)의 하나인 대학(大學), 중용(中庸)도 이에 속한다.

太公 曰 人生不學이면 如冥冥夜行이니라

(태공 왈 인생불학 여명명야행)

(한자풀이) 冥(어두울 명)   夜(밤 야)

(숙어풀이) 生 : 태어나다

冥冥 : 어둡고 어둡다, 캄캄하다

夜行 : 밤길을 가다

(해설) 태공이 말하기를, "사람이 태어나서 배우지 않으면 어둡고 어두운 밤길을 가는 것과 같다." 고 하였다.

사람이 배우지 않는다면 세상 돌아가는 이치와 사람으로서 지켜야 할 도리를 깨닫지 못하게 된다. 이것은 마치 아무것도 보이지 않는 캄캄한 밤길을 걷는 것처럼 위험한 일일 것이다. 무릇 많은 것을 배우고 익혀 길을 열어야 하겠다.

韓文公 曰 人不通古今이면 馬牛而襟裾니라

(한문공 왈 인불통고금 마우이금거)

한자풀이 韓(나라 이름 한) 襟(옷깃 금) 裾(옷자락 거)

숙어풀이 古今 : 옛날과 지금의 역사나 문화, 전통 등
마牛 : 말과 소
襟裾 : 옷깃과 옷자락(옷)

해설 한문공이 말하기를, "사람이 고금의 성인의 가르침을 알지 못하면 말과 소에게 옷을 입혀 놓은 것과 같다." 고 하였다.

　고금의, 즉 옛날과 지금의 모든 역사와 문화, 전통 등 성인의 가르침을 배우지 않는다면 사람이 아니라 다만 짐승에 지나지 않는다는 뜻이다. 우리는 오늘날 우리가 누리는 문화 전통의 참모습과 가치를 제대로 인식하고, 잘못된 것은 고치고 좋은 것은 받아들여 현실을 바르게 사는 방법을 깨달아야 할 것이다.

참고 한문공(韓文公) : 중국 당(唐)나라 때의 시인으로 이름은 유(愈), 자는 퇴지(退之), 호는 창려(昌黎), 문공(文公)은 그의 시호이다. 당송팔대가(唐宋八大家)의 한 사람으로 그 중 으뜸으로 여긴다. 작품은 <祭十二郎文(제십이랑문)>, <창려선생집(昌黎先生集)>(40권)과 <외집(外集)>10권, <유문(遺文)>(1권) 등이 있다.

朱文公 曰 家若貧이라도 不可因貧而廢學이오

家若富라도 不可恃富而怠學이니 貧若勤學

이면 可以立身이요 富若勤學이면 名乃光榮이니

라 惟見學者顯達이요 不見學者無成이니라

學者는 乃身之寶요 學者는 乃世之珍이니라

是故로 學則乃爲君子요 不學則爲小人이니

後之學者는 宜各勉之니라

(주문공 왈 가약빈 불가인빈이폐학 가약부 불가시부이태학 빈약근학
가이입신 부약근학 명내광영 유견학자현달 불견학자무성 학자 내신지
보 학자 내세지진 시고 학즉내위군자 불학즉위소인 후지학자 의각면
지)

(한자풀이) 若(만약 약)　廢(폐할 폐)　恃(믿을 시)　怠(게으름 태)
乃(이에 내)　顯(나타날 현)　榮(영화로울 영)
達(통달할 달)　寶(보배 보)　珍(보배 진)　勉(힘쓸 면)

(숙어풀이) 不可 : ~해서는 안 된다
因 : ~인해서, ~ 때문에
廢學 : 학문을 그만두다
恃富 : 부유함을 믿다
怠學 : 학문을 게을리하다

顯達 : 출세하다, 이름을 세상에 알리다. 입신출세

是故 : 그러므로

宜 : 마땅히 ~해야 한다

(해설) 주문공이 말하기를, "집이 가난해도 가난한 것을 이유로 배움을 포기하지 말 것이요, 집이 부유하더라도 부유한 것을 믿고 배움을 게을리 해서는 안 된다. 가난한 사람이 부지런히 배운다면 출세할 것이요, 부유한 사람이 부지런히 배운다면 이름이 더욱 빛날 것이다.

배우는 사람이 출세하는 것은 보았지만, 배운 사람이 성취하지 못하는 것은 보지 못했다. 배움이란 곧 몸의 보배요, 배운 사람이란 곧 세상의 보배이다.

그러므로 배우면 군자가 되고 배우지 않으면 천한 소인이 될 것이니, 후세에 배우는 사람들은 마땅히 배움에 힘써야 한다." 고 하였다.

가난하다고 배우지 않으면 그 가난을 벗어날 수 없고, 부자라고 배우지 않으면 그 재산은 오래가지 못할 것이다. 성공한 사람들을 보면 힘든 여건 속에서도 부지런히 배우고, 자신의 분야에서 최선을 다한 경우가 대부분이다. 무슨 일을 하든지 부지런히 열심히 배운다면 그것이 곧 자신의 보배요, 나아가서는 이 사회에 꼭 필요한 보배가 될 것이다.

徽宗皇帝 曰

學者는 如禾如稻하고 不學者는 如蒿如草로다

如禾如稻兮여 國之精糧이요 世之大寶로다

如蒿如草兮여 耕者憎嫌하고 鋤者煩惱니라

他日面墙에 悔之已老로다

(휘종황제 왈 학자 여화여도 불학자 여호여초 여화여도혜 국지정량
세지대보 여호여초혜 경자증혐 서자번뇌 타일면장 회지이로)

근학편 141

한자풀이) 徽(아름다울 휘) 禾(벼 화) 稻(벼 도) 蒿(쑥 호)

兮(어조사 혜) 精(정미 정) 糧(양식 량) 耕(밭갈 경)

憎(미워할 증) 嫌(꺼릴 혐) 鋤(호미 서) 煩(괴로워할 번)

惱(괴로워할 뇌) 墙(담 장) 悔(뉘우칠 회)

숙어풀이) 如禾如稻 : 벼와 같다(소중하다)

如蒿如草 : 잡초와 같다

耕者 : 밭가는 사람(농사꾼)

憎嫌 : 미워하고 싫어하다

鋤者 : 김매는 사람

他日 : 훗날, 뒷날

面墙 : 담을 마주하다(배우지 않아서 알지 못하다)

已老 : 이미 늙다(이미 때는 늦었다)

휘종황제가 말하기를, "배운 사람은 벼와 같고, 배우지 않은 사람은 잡초와 같다. 벼와 같은 사람이여, 나라의 좋은 양식이요, 온 세상의 보배이다. 잡초와 같은 사람이여, 밭을 가는 사람이 미워하고 밭을 매는 사람이 귀찮아한다. 사람이 배우지 않으면 후일에 담을 만난 것처럼 답답할 것이니 뉘우친들 이미 그때는 늙어서 늦었다." 고 하였다.

배운 사람이 벼와 같이 쓸모가 있다는 것은 아는 것을 실행에 옮겨 사람들에게 많은 도움이 된다는 것이고, 배우지 못한 사람이 잡초와 같아서 농민들을 힘들게 한다는 것은 배우지 못한 무식함으로 인해 도움은커녕 오히려 사람들에게 방해만 된다는 것이다. 나중에 후회한들 이미 때는 너무 늦은 것이다.

휘종(徽宗) : 중국 북송 제8대 임금으로 성은 조(趙), 이름은 길(佶)이다. 도교(道教)를 신봉하였으며 정치보다는 문학이나 예술에 관심이 많았다. 시문(詩文)과 서화(書畵)에 조예가 깊었는데 특히 서화에 뛰어났다.

論語에 日 學如不及이요 惟恐失之니라

(논어 왈 학여불급 유공실지)

(한자풀이) 惟(오직 유)   恐(두려울 공)

(숙어풀이) 不及 : 미치지 못한다(부족하다)

(해설) <논어>에 말하기를, "배우기를 항상 미치지 못한 것 같이 여기고, 오직 배운 것을 잊을까 두려워해야 한다." 고 하였다.

자신이 배운 것이 많다하여 교만해져 아는 것을 자랑하지 말고, 또 그 배운 것을 유용하게 씀으로써 사회에 보탬이 되어야 한다는 교훈이다. 배움에는 끝이 없다. 겸손한 마음가짐으로 더 열심히 공부하여야 할 것이다.

(참고) 논어(論語) : 논어는 사서(四書)의 하나로, 중국 최초의 어록(語錄)이기도 하다. 고대 중국의 사상가 공자(孔子)의 가르침을 전하는 문헌으로 공자와 그 제자와의 문답을 주로 하고, 공자의 발언과 행적 등 인생의 교훈이 되는 말들이 간결하고도 함축성 있게 기재되었다.

훈자편
訓子篇

이 편은 자식에 대한 교육의 중요성을 가르치고 있다

景行錄에 云

賓客不來면 門戶俗하고 詩書無敎면 子孫愚니라

(경행록 운 빈객불래 문호속 시서무교 자손우)

(한자풀이) 賓(손 빈)   俗(속될 속)

(숙어풀이) 賓客 : 손님, 귀한 손
門戶 : 집안
俗 : 속되다, 저속하다, 낮아지다
詩書 : 시와 글. '학문'을 가리킨다.

(해설) <경행록>에 이르기를, "손님이 오지 않으면 집안이 저속해지고, 시서를 가르치지 않으면 자손이 어리석어진다." 고 하였다.

손님이 많이 찾아온다는 것은 그 집안이 인심이 좋은 것은 물론 훌륭하고 인격이 높은 사람이 있다는 뜻일 것이다. 반대로 집안에 손님이 찾아오지 않는 것은 그 집안이 그만큼 인색하고 천하기 때문이다. 자손들에게 학문을 가르치지 않아 자손들이 어리석어지면 누가 자손들을 찾겠는가.

莊子 曰

事雖小나 **不作**이면 **不成**이오

子雖賢이나 **不敎**면 **不明**이니라

(장자 왈 사수소 부작 불성 자수현 불교 불명)

한자풀이 雖(비록 수)　　賢(어질 현)

숙어풀이 不作 : 하지 않는다

不成 : 이루지 못한다

不敎 : 가르치지 않는다

不明 : 현명하지 못하다, 사물의 이치에 어둡다

해설 장자가 말하기를, "일이 비록 작더라도 하지 않으면 이루지 못할 것이요, 자식이 비록 어질지라도 가르치지 않으면 현명하지 못하다." 고 하였다.

　아주 작은 일이라도 시작하지 않으면 이루어질 수 없고, 자식이 인정이 많고 너그럽다 해도 가르치지 않으면 세상의 이치를 깨닫지 못해 어리석 어진다는 뜻이다.

漢書_에 云 黃金滿籯_이 不如敎子一經_{이요}

賜子千金_이 不如敎子一藝_{니라}

(한서 운 황금만영 불여교자일경 사자천금 불여교자일예)

(한자풀이) 滿(가득 찰 만)　　籯(광주리 영)　　賜(줄 사)　　藝(기예 예)

(숙어풀이) 滿籯 : 광주리에 가득 차다

　　　　　 不如 : ~만 못하다, ~와 같지 않다

　　　　　 一經 : 한 권의 경서

　　　　　 賜子 : 자식에게 물려주다

　　　　　 一藝 : 한 가지 기술(재주)

(해설) <한서>에 이르기를, "황금이 광주리에 가득 차 있다 해도 자식에게 경서 한 권을 가르치는 것만 못하고, 자식에게 천금을 물려준다 해도 재주 한 가지를 가르치는 것만 못하다."고 하였다.

　이는 재물이란 있다가도 없는 것이니 자손들에게 많은 재물을 남겨주기보다는 학문과 기술을 가르쳐 지식을 넓히고 그 기술을 유용하게 쓸 수 있도록 해야 한다는 뜻이다.

(참고) 한서(漢書) : 중국 후한(後漢)시대의 역사가인 반고(班固)가 저술한 것으로 한나라 고조부터 평제 원시 5년에 이르기까지 229년간 전한의 역사를 다룬 기전체(紀傳體)의 역사서이다. <전한서(前漢書)> 또는 <서한서(西漢書)>라고도 한다. 본기 12권, 표 8권, 지 10권, 열전 70권으로 구성되어 있다. <사기(史記)>와 더불어 중국 사학사상(史學史上) 대표적인 책이다.

至樂은 莫如讀書요 至要는 莫如敎子니라

(지락 막여독서 지요 막여교자)

(한자풀이) 至(지극할 지, 이를 지)   莫(없을 막)   讀(읽을 독)
　　　　　要(중요할 요, 구할 요)

(숙어풀이) 至樂 : 더없이 큰 즐거움
　　　　　莫如 : ~만한 것이 없다
　　　　　至要 : 가장 중요한 일

(해설) 큰 즐거움은 책을 읽는 것 만한 것이 없고, 가장 중요한 일은 자식을 가르치는 것 만한 것이 없다.

　이는 세상의 많은 즐거움 중 최고는 책을 읽어 그 안의 진리를 깨닫는 것이고, 또 세상에서 무엇보다 중요한 일은 자식을 가르쳐 지켜야 할 도리를 깨닫게 하는 것임을 의미한다.

呂滎公 曰

內無賢父兄하고 外無嚴師友요

而能有成者가 鮮矣니라

(여형공 왈 내무현부형 외무엄사우 이능유성자 선의)

한자풀이) 呂(성씨 려) 滎(물 이름 형) 嚴(엄할 엄) 能(능할 능)
鮮(드물 선, 고울 선)

숙어풀이) 賢父兄 : 현명한 부모와 형제
嚴師友 : 엄한 스승과 친구
鮮 : 거의 없다, 드물다

해설) 여형공이 말하기를, "집안에 현명한 어버이와 형이 없고, 밖으로
엄한 스승과 벗이 없으면 능히 뜻을 이룰 수 있는 자가 드물다."고 하였
다.

사람이 성공하기까지는 자신의 노력은 물론 주위의 많은 도움이 필요한
것이다. 자신을 훌륭한 인격을 갖출 수 있도록 이끌어줄 현명한 부모님과
형제, 자신의 잘못된 점을 기꺼이 충고해 줄 수 친구와 엄한 선생님이 있
어야 비로소 성공할 수 있다. 이는 가정교육과 교우관계가 그만큼 중요하
다는 것을 강조하고 있다.

참고) 여형공(呂滎公) : 중국 북송 때의 학자로 이름은 희철(希哲), 자는 원명
(原明)이다. 저서로 <여씨잡기(呂氏雜記)>가 있다.

太公 曰

男子失教면 長必頑愚하고

女子失教면 長必麤疎니라

(태공 왈 남자실교 장필완우 여자실교 장필추소)

(한자풀이) 頑(완고할 완)   麤(거칠 추)   疎(성길 소)

(숙어풀이) 失教 : 가르침을 받지 못하다(배우지 못하다)
頑愚 : 미련하고 어리석다
麤疎 : 거칠고 꼼꼼하지 못하다

(해설) 태공이 말하기를, "남자가 가르침을 받지 못하면 자라서 반드시 미련하고 어리석어지며, 여자가 가르침을 받지 못하면 자라서 반드시 거칠고 꼼꼼하지 못하다." 고 하였다.

남자가 교육을 제대로 받지 못하면 사물을 올바르게 판단할 수 있는 능력이 없어 후에 반드시 미련하고 어리석은 자가 될 것이고, 여자가 제대로 교육을 받지 못하면 몸가짐이나 행동이 거칠어 무슨 일을 처리함에 있어 꼼꼼하지 못하다는 뜻이다.

男年長大어든 莫習樂酒하고

女年長大어든 莫令遊走니라

(남년장대 막습악주 여년장대 막령유주)

(한자풀이) 習(익힐 습)   酒(술 주)   遊(놀 유)   走(달릴 주)

(숙어풀이) 長大 : 장성하다, 어른이 되다

樂酒 : 풍류와 술

莫令 : 못하게 하다

遊走 : 놀러 다니다

(해설) 남자가 장성하거든 풍류와 술을 배우지 못하도록 하고, 여자가 장성하거든 놀러 다니지 못하게 해야 한다.

이 글은 가정교육의 중요성을 말하고 있다. 아들을 제대로 가르치지 않으면 지나친 술과 노름에 빠져 집안과 자신의 신세를 망치게 되고, 딸을 제대로 가르치지 않으면 아무 거리낌 없이 함부로 행동해서 몸과 마음을 다치게 된다는 말이다.

嚴父는 出孝子요 嚴母는 出孝女니라

(엄부 출효자 엄모 출효녀)

(한자풀이) 嚴(엄할 엄)   孝(효도 효)

(숙어풀이) 嚴父 : 엄한 아버지
　　　　　嚴母 : 엄한 어머니

(해설) 엄한 아버지는 효자를 길러내고, 엄한 어머니는 효녀를 길러낸다.

　이 글 또한 가정교육의 중요성을 말하고 있다. 자식을 사랑하지 않는 부모는 없다. 그런 사랑하는 자식을 교육하는 데 있어 정성과 사랑 못지 않은 엄격함도 필요한 것이다. 엄한 부모 밑에서 훌륭한 교육을 받아야 몸과 마음이 건강한 사람이 되는 것이다.

憐兒어든 多與棒하고 憎兒어든 多與食하라

(연아 다여봉 증아 다여식)

(한자풀이) 憐(어여삐 여길 연)　　多(많을 다)　　與(줄 여)

憐(아이 아)　　棒(몽둥이 봉)　　憎(미워할 증)

(숙어풀이) 憐兒 : 아이를 사랑하다

與棒 : 매를 때리다(매로 다루다)

憎兒 : 아이를 미워하다

與食 : 먹을 것을 주다

(해설) 아이를 사랑하거든 어느 정도 매로 다루고, 아이를 미워하거든 먹을 것을 많이 주어라.

'매로 키운 자식이 효성이 있다.' 라는 속담이 있다. 아무리 사랑하는 자식이라도 버릇이 나쁘거나 잘못된 행동을 한다면 매를 들어 엄하게 교육을 시켜야 할 것이다.

人皆愛珠玉이나 我愛子孫賢이니라

(인개애주옥 아애자손현)

<u>한자풀이</u> 皆(다 개) 愛(사랑 애) 珠(구슬 주) 玉(옥 옥)
　　　　我(나 아)

<u>숙어풀이</u> 珠玉 : 구슬과 옥

<u>해설</u> 사람들은 모두 주옥을 귀중히 여기지만, 나는 자손이 현명한 것을
사랑한다.

　지금의 사람들을 보면 돈이나 명예 따위를 가장 소중하게 생각하는 것
같다. 하지만 돈이나 명예는 그 한계가 있고 그것으로 인해 불미스러운
일도 일어난다. 돈이나 명예 따위가 아무리 소중하지만 어질고 현명한 자
식에 비할 수는 없을 것이다.

성심편
省心篇 上

이 편은 항상 자신의 마음을 살펴
반성할 것을 가르치고 있다

景行錄에 云

寶貨는 用之有盡이요 忠孝는 享之無窮이니라

(경행록 운 보화 용지유진 충효 향지무궁)

(한자풀이) 貨(재화 화)　　盡(다할 진)　　享(누릴 향)　　窮(다할 궁)

(숙어풀이) 有盡 : 끝이 있다, 한계가 있다

享之 : 누리다, 바치다

無窮 : 끝이 없다, 한이 없다

(해설) <경행록>에 이르기를, "보석과 재물은 쓰면 다함이 있고, 충성과 효성은 바쳐도 다함이 없다." 고 하였다.

보석과 재물같이 물질적인 것은 그 한계가 있어 언젠가는 없어지지만, 정신적인 가치로 그 중요성을 지니는 충과 효는 끝이 없다는 뜻이다.

家和貧也好어니와 不義富如何오

但存一子孝면 何用子孫多리오

(가화빈야호 불의부여하 단존일자효 하용자손다)

한자풀이) 家(집 가)　和(화목할 화)　貧(가난할 빈)　但(다만 단)
　　　　存(있을 존)

숙어풀이) 家和 : 집안이 화목하다
　　　　也 : ~해도
　　　　如何 : 무엇하리오
　　　　但 : 다만, 단지, 오직
　　　　何用 : 무슨 소용이 있겠는가

해설) 집안이 화목하면 가난해도 좋거니와 의롭지 않다면 부자인들 무엇
하리오. 다만 한 자식이라도 효도하는 자가 있다면 충분하지 자손이 많은
것이 무슨 소용이 있겠는가.

　'가화만사성(家和萬事成)'이란 말이 있다. 가정이 화목하면 모든 일
이 잘 된다는 뜻이다. 가정이 화목하다는 것은 부모가 자식을 사랑하고
자식이 부모에게 효도하며, 형제간에 우애가 있다는 것이다. 비록 부자이
지만 사람으로서 마땅히 지켜야 할 도리를 알지 못하고, 서로 화목하지
않다면 그 많은 재산이 무슨 소용이 있겠는가. 마찬가지로 부모에게 불효
를 저지른다면 아무리 많은 자식이라도 소용이 없는 것이다.

父不憂心因子孝_요 夫無煩惱是妻賢_{이라}

言多語失皆因酒_요 義斷親疎只爲錢_{이라}

(부불우심인자효 부무번뇌시처현 언다어실개인주 의단친소지위전)

한자풀이 憂(근심 우)　　因(인할 인)　　煩(괴로워할 번, 번뇌할 번)

　　　　　惱(괴로워할 뇌)　妻(아내 처)　　斷(끊을 단)

　　　　　親 (친할 친)　　疎(성길 소)　　只(다만 지)　　錢(돈 전)

숙어풀이 不憂心 : 근심하지 않는다

　　　　　因 : ~ 때문이다

　　　　　無煩惱 : 번뇌가 없다

　　　　　言多語失 : 말이 많고 실수가 많다

　　　　　義斷 : 의절하다

　　　　　親疎 : 친분이 멀어지다

해설 아버지가 근심하지 않는 것은 자식이 효도하기 때문이요, 남편이 번뇌가 없는 것은 아내가 어질기 때문이다. 말이 많아 실수가 많은 것은 술 때문이요, 의가 끊어지고 친분이 멀어지는 것은 오직 돈 때문이다.

　자식이 효도하고 아내가 어질면 아버지로서 남편으로서 걱정할 것이 무엇이겠는가. 술을 많이 마시지 않으면 실수를 하지 않을 것이고 서로 친한 사이일수록 금전 관계를 분명히 한다면 관계가 더욱 돈독해 질 것이다.

旣取非常樂이어든 須防不測憂니라

(기취비상락 수방불측우)

한자풀이 旣(이미 기) 取(취할 취) 須(모름지기 수) 測(헤아릴 측)

숙어풀이 非常 : 심상치 않은, 정도에 벗어난

須 : 모름지기 ~하여야 한다

不測憂 : 예측할 수 없는 근심, 뜻밖의 근심

해설 이미 예사롭지 않은 즐거움을 누렸다면, 반드시 예측할 수 없는
근심을 방비해야 한다.

'낙극애생(樂極哀生)' 이란 말이 있다. 즐거움이 다하면 슬픔이 생긴
다는 뜻으로 예사롭지 않은 즐거움은 예사롭지 않은 근심을 가져오는 법
이다. 우리가 흔히 쓰는 말 중에 '호사다마(好事多魔)'란 말이 있는데 좋
은 일에 흔히 나쁜 일이 끼어들기 쉬운 것처럼 우리는 항상 올바른 생각
과 행동으로 뜻밖의 나쁜 일에 대비하여야 한다.

得寵思辱하고 居安慮危니라

(득총사욕 거안려위)

한자풀이 寵(사랑할 총)   辱(욕되게 할 욕)   居(살 거)
　　　　　慮(생각할 려)   危(위태할 위)

숙어풀이 得寵 : 사랑을 받다, 총애를 얻다
　　　　　思辱 : 욕됨을 생각하다
　　　　　居安 : 편안하게 지내다
　　　　　慮危 : 위태로움을 염려하다

해설 총애를 받거든 욕이 뒤따를 것을 생각하고, 편안하게 지내거든 위태롭게 될 것을 염려해야 한다.

　사람의 일이란 언제 어떤 일이 일어날지 아무도 모르는 것이다. 자신이 현재 많은 사람들에게 사랑을 받고 편안한 삶을 누린다고 해서 그것이 영원히 지속되라는 법은 없다. 자신이 행복하고 편안할 때 겸손한 태도와 올바른 마음가짐을 가진다면 만일의 일에 대비할 수 있다는 교훈이다.

榮輕辱淺이오 利重害深이니라

(영경욕천 이중해심)

榮(영화 영)   輕(가벼울 경)   淺(얕을 천)   利(이로울 이)

重(무거울 중) 害(해칠 해)   深(깊을 심)

榮輕 : 영화가 가볍다(적다)

辱淺 : 욕됨이 적다

利重 : 이익이 무겁다(많다)

害深 : 손해가 많다

영화가 가벼우면 욕됨이 얕고, 이익이 무거우면 손해도 깊다.

분수에 맞지 않는 권력과 부귀는, 자신에게 명예롭지 못한 결과를 가져올 것이다. 큰 이익에는 으레 큰 손해가 따르는 법이니, 무슨 일이든지 욕심이 과하면 자신에게 해가 된다.

甚愛必甚費요 甚譽必甚毁요

甚喜必甚憂요 甚臟必甚亡이라

(심애필심비 심예필심훼 심희필심우 심장필심망)

(한자풀이) 甚(심할 심)　　費(쓸 비)　　譽(기릴 예, 칭찬할 예)
　　　　　毁(헐 훼)　　喜(기쁠 희)　　臟(뇌물 받을 장)

(숙어풀이) 甚愛 : 심하게(지나치게) 사랑하다(아끼다).
　　　　　甚譽 : 심하게 칭찬하다
　　　　　甚毁 : 심하게 헐뜯다, 상처를 입히다
　　　　　甚臟 : 심하게 뇌물을 받다

(해설) 사랑이 심하면 반드시 심한 낭비를 가져오고, 칭찬이 지나치면 반드시 심한 헐뜯음을 받을 것이고, 기쁨이 지나치면 반드시 근심도 심할 것이고, 지나치게 뇌물을 탐한다면 반드시 심하게 망할 것이다.

이는 무엇이든지 지나치면 모자란 것만 못하다는 것을 의미한다.

子 曰

不觀高崖면 何以知顚墜之患이며

不臨深泉이면 何以知沒溺之患이며

不觀巨海면 何以知風波之患이리오

(자 왈 불관고애 하이지전추지환 불림심천 하이지몰익지환 불관거해
하이지풍파지환)

(한자풀이) 觀(볼 관)　崖(벼랑 애)　顚(넘어질 전)　墜(떨어질 추)
　　　　　臨(임할 임)　沒(가라앉을 몰)　溺(빠질 익)

(숙어풀이) 高崖 : 높은 언덕(벼랑, 낭떠러지)
　　　　　何以知 : 어찌 알겠는가
　　　　　顚墜 : 굴러 떨어지다
　　　　　沒溺 : 헤어날 수 없을 만큼 깊이 빠지다

(해설) 공자가 말하기를, "높은 낭떠러지를 보지 않으면 어찌 굴러 떨어지
는 환난을 알며, 깊은 연못에 가지 않으면 어찌 빠져 죽을 환난을 알며,
큰 바다를 보지 않으면 어찌 풍파가 일어나는 무서운 환난을 알리요" 라
고 하였다.

　이는 사람은 자신이 직접 보고, 듣고, 겪어보아야 그 사물의 이치를 알
수 있음을 의미한다.

欲知未來어든 先察已然하라

(욕지미래 선찰이연)

欲(하고자 할 욕, 하려할 욕) 未(미래 미)

　　　來(올 래) 察(살필 찰) 然(그러할 연)

숙어풀이 欲知 : 알려고 하다

　　　先察 : 먼저 살피다

　　　已然 : 이미 지나간 일

해설 미래를 알고자 하면 먼저 지나간 일을 살펴보아야 한다.

　지난 일을 잘 살펴보면 앞으로 닥칠 일의 득과 실을 알 수 있다는 뜻이다. 성공하는 미래를 바란다면 자신의 잘못된 과거를 돌아보고 반성하는 자세가 필요하다.

子曰

明鏡은 所以察形이오 往者는 所以知今이니라

(자 왈 명경 소이찰형 왕자 소이지금)

(한자풀이) 鏡(거울 경)　形(모양 형)　往(갈 왕)　今(이제 금)

(숙어풀이) 明鏡 : 밝은 거울

所以 : ~하기 위한 것, ~하는 수단

察形 : 모습을 살피다

往者 : 지나간 일

知今 : 지금(현재)을 알다

(해설) 공자가 말하기를, "밝은 거울은 모습을 살피기 위한 것이고, 지나간 일은 현재를 알기 위한 것이다."고 하였다.

　자신의 과거가 지금의 현재이고, 자신의 현재가 바로 미래인 것이다. 그러므로 오늘을 어떻게 사느냐에 따라 자신의 미래가 달라질 수 있는 것이다.

過去事는 明如鏡이요 未來事는 暗似漆이니라

(과거사 명여경 미래사 암사칠)

(한자풀이) 暗(어두울 암)　　似(같을 사)　　漆(옻 칠, 검을 칠)

(숙어풀이) 明鏡 : 밝은 거울
　　　　　似漆 : 칠흑 같다

(해설) 지나간 일은 밝은 거울 같고, 미래의 일은 어둡기가 칠흑 같다.

　자신이 겪은 과거는 누구나 밝은 거울을 들여다보듯 훤히 알 수 있지만, 앞으로 닥칠 미래는 캄캄한 밤처럼 짐작조차 할 수 없다는 뜻이다. 한치 앞도 알 수 없는 자신의 미래를 위하여 우리는 오늘 최선을 다해야 할 것이다.

景行錄에 云

明朝之事는 薄暮에 不可必이요

薄暮之事는 晡時에 不可必이니라

(경행록 운 명조지사 박모 불가필 박모지사 포시 불가필)

(한자풀이) 朝(아침 조)　薄(엷을 박)　暮(저녁 모)　晡(신시 포)

(숙어풀이) 明朝 : 내일

薄暮 : 저녁 무렵, 땅거미가 질 무렵, 해질 무렵

晡時 : 신시(申時), 오후 3~5시 사이

(해설) <경행록>에 이르기를, "내일 일을 오늘 저녁에 꼭 단정적으로 말할 필요가 없고, 저녁때의 일을 오늘 오후에 꼭 단정적으로 말할 필요가 없다." 고 하였다.

앞의 내용과 마찬가지로 바로 앞의 일조차 알 수 없으니 다가올 미래를 대비하여 항상 노력해야 한다는 교훈이다.

天有不測風雨하고 人有朝夕禍福이니라

(천유불측풍우 인유조석화복)

(한자풀이) 測(잴 측, 헤아릴 측)　　禍(재화 화)　　福(복 복)

(숙어풀이) 不測 : 짐작하기 어렵다, 예측하기 어렵다
　　　　　風雨 : 바람과 비
　　　　　朝夕 : 아침저녁

(해설) 하늘에는 예측할 수 없는 비바람이 있고, 사람에게는 아침저녁으로 화와 복이 있다.

　하늘에서 언제 비가 올지 바람이 불지 예측할 수 없는 것처럼, 사람에게도 언제 복이 들어올지 화가 미칠지 알 수가 없다. 그러므로 화를 면하기 위해서는 항상 올바른 마음가짐이 필요하다는 뜻이다.

未歸三尺土에는 難保百年身이요

已歸三尺土에는 難保百年墳이니라

(미귀삼척토 난보백년신 이귀삼척토 난보백년분)

<u>한자풀이</u> 歸(돌아갈 귀)   尺(자 척)   難(어려울 난)   保(지킬 보)
墳(무덤 분)

<u>숙어풀이</u> 未 : 아직 ~하지 못하다
三尺土 : 석 자의 흙, 즉 '무덤'을 가리킨다.
已 : 이미
難保 : 보전하기가 어렵다

<u>해설</u> 아직 석 자 되는 흙 속으로 돌아가기 전에는 백 년의 몸을 보전하기 어렵고, 이미 석자 되는 흙 속으로 돌아간 뒤에는 백 년 동안 무덤을 보전하기 어렵다.

사람이 백 년을 살기도 어렵지만 또한 죽어서도 그 무덤을 백 년 동안 보존하기란 어려운 일이다. 그런데도 사람들은 영원히 살 것처럼 교만하다. 자신이 언제 죽을지는 모르지만 세상을 살아가는 동안에는 성실하고 온전한 삶을 살도록 노력해야 할 것이다.

景行錄에 云

木有所養이면 則根本固而枝葉茂하여 棟樑之材成하고 水有所養이면 則泉源壯而流派長하여 灌漑之利博하고 人有所養이면 則志氣大而識見明하여 忠義之士出이니 可不養哉아

(경행록 운 목유소양 즉근본고이지엽무 동량지재성 수유소양 즉천원장이류파장 관개지리박 인유소양 즉지기대이식견명 충의지사출 가불양재)

(한자풀이) 養(기를 양)　根(뿌리 근)　固(굳을 고)　枝(가지 지)
葉(잎 엽)　茂(우거질 무)　棟(기둥 동)　樑(들보 량)
泉(샘 천)　派(물갈래 파)　灌(물댈 관)　漑(물댈 개)
博(넓을 박)　識(알 식)

(숙어풀이) 所養 : 잘 기르다
棟樑 : 기둥과 대들보
泉原 : 샘물의 근원
灌漑 : (농사에 필요한 물을 논에)물을 끌어 대다
利博 : 이로움이 크다(많다), 널리 이롭다
志氣 : 뜻과 기개
可不~哉 : 어찌 ~하지 않겠는가

<경행록>에 이르기를, "나무를 잘 기르면 뿌리가 튼튼하고 가지와 잎이 무성해서 기둥과 대들보의 재목을 이루고, 샘의 근원을 잘 만들어 놓으면 물줄기가 풍부하고, 여러 갈래로 길게 흘러가니 논밭에 물대는 이익이 크고, 사람을 잘 기르면 뜻과 기개가 뛰어나고 식견이 밝아져서 충의의 선비가 되니 어찌 기르지 않겠는가."고 하였다.

　대들보로 쓸 수 있는 재목을 얻으려면 나무를 잘 길러야 하고, 농사에 필요한 물을 얻으려면 물을 잘 다스려야 하듯이 훌륭한 인재를 얻으려면 잘 기르고 가르치는 지혜가 필요하다는 뜻이다.

自信者는 人亦信之하나니 吳越이 皆兄弟요

自疑者는 人亦疑之하나니 身外에 皆敵國이니라

(자신자 인역신지 오월 개형제 자의자 인역의지 신외 개적국)

(한자풀이) 信(믿을 신)　　亦(또 역)　　吳(나라 이름 오)

越(넘을 월)　　疑(의심할 의)　　敵(원수 적)

(숙어풀이) 自信 : 스스로 자신을 믿는다

自疑 : 스스로 자신을 의심하다

身外 : 자기 이외에

(해설) 스스로 자신을 믿는 사람은 다른 사람 또한 신뢰하여서 오나라와 월나라와 같은 원수사이라도 형제와 같이 될 수 있고, 스스로 자신을 믿지 못하는 사람은 다른 사람 또한 믿어주지 않으니 자기 이외에는 모두 적국이 된다.

이는 스스로 자기 자신을 믿어야만 다른 사람도 믿어 어려운 상황에 처했을 경우 서로 도울 수 있지만, 자신을 스스로 믿지 못하고 의심한다면 다른 사람 또한 의심하여 서로 적이 될 수 있음을 경계하는 글이다.

(참고) 오월(吳越) : 오(吳)나라와 월(越)나라를 이른다. 오나라 왕 합려는 월나라 왕 구천과의 싸움에서 패한 뒤 결국 죽음을 당하였고 3년 뒤 그의 아들인 부차가 월나라와의 싸움에서 크게 이겨 구천은 가까스로 목숨을 건졌다. 그로부터 9년 뒤 다시 구천이 오나라와의 싸움에서 부차를 죽이고 오나라를 멸망시키자 두 나라는 오랫동안 원수지간이 되었다.

오월동주(吳越同舟) : 서로 미워하는 사람끼리 한 자리나 같은 처지에 놓이게 된 경우를 비유하는 말로 이 이야기는 <손자(孫子)> '구지편(九地篇)'에 나오는 손자의 말로, 원수사이인 오나라 군사와 월나라 군사가 같은 배를 타게 되었다는 고사에서 유래되었다.

疑人莫用하고 用人勿疑니라

(의인막용 용인물의)

疑(의심할 의)　莫(말 막)

疑人 : 사람을 의심하다
　　　　莫用 : 쓰지 말라, 곁에 두지 말라
　　　　勿疑 : 의심하지 말라

(해설) 사람을 의심하거든 쓰지 말고, 사람을 쓰거든 의심하지 말라.

　그 사람이 조금이라도 의심스럽다면 애당초 채용하지 말고, 일단 그 사람을 채용했다면 의심하지 말라는 것이다. 채용한 후에 그 사람을 믿지 못하고 의심한다면 공연스레 일만 그르칠 뿐이다.

諷諫에 云

水底魚天邊雁은 高可射兮低可釣어니와

惟有人心咫尺間에 咫尺人心不可料니라

(풍간 운 수저어천변안 고가사혜저가조 유유인심지척간 지척인심불가
료)

숙어풀이 水底 : 물 밑
天邊 : 하늘 가
咫尺間 : 아주 가까운 거리
不可料 : 헤아릴 수 없다

해설   <풍간>에 이르기를, "물 속 깊이 있는 물고기와 하늘 높이 떠다
니는 기러기는 높아도 활로 쏘고, 깊어도 낚을 수 있지만, 사람의 마음은
바로 지척 간에 있어도 이 지척 간의 마음은 가히 헤아릴 수 없다."고 하
였다.

'열 길 물 속은 알아도 한 길 사람 속은 모른다.' 라는 속담이 있듯이 아
무리 가까운 사람이라도 그 사람의 마음까지 헤아리기는 어렵다는 말이다.

참고   풍간(諷諫) : 풍자로 잘못을 고치도록 깨우치는 내용이 담긴 책

畵虎畵皮難畵骨이요 知人知面不知心이니라

(화호화피난화골 지인지면부지심)

한자풀이) 畵(그림 화) 虎(범 호) 皮(가죽 피) 難(어려울 난)

숙어풀이) 畵虎 : 호랑이를 그리다

畵皮 : 가죽(겉모습)을 그리다

畵骨 : 뼈를 그리다

知人 : 사람을 알다

知面 : 얼굴을 알다

해설) 호랑이를 그리되 가죽은 그릴 수 있으나 뼈는 그리기 어렵고, 사람을 알되 얼굴은 알지만 마음은 알지 못한다.

'인심여면(人心如面)'이란 말이 있다. 사람의 얼굴이 각각 다른 것과 같이 마음 또한 각각 다르다는 뜻이다. 이처럼 우리가 그 사람을 안다는 것은 단지 그의 얼굴을 안다는 것이지 그의 마음까지 안다는 것은 아니다. 이는 사람의 마음을 좀처럼 헤아리기가 어렵다는 것을 강조한 글이다.

對面共話하되 心隔千山이니라

(대면공화 심격천산)

한자풀이 對(대할 대) 共(함께 공) 話(말할 화) 隔(사이 뜰 격)

숙어풀이 對面 : 얼굴을 마주 보고 대하다
共話 : 함께 이야기 하다
隔千山 : 수많은 산들이 겹겹이 가릴 만큼 멀리 떨어져 있다

해설 얼굴을 맞대고 서로 이야기는 하나 마음은 천산만큼이나 겹겹이
가로막혀 멀리 떨어져 있다.

알다가도 모르는 것이 사람의 마음이다. 서로 얼굴을 마주보며 정답게
대화를 나눈다고 해서 서로의 마음이 통했다고 할 수는 없다. 이기적인
사람은 상대방의 마음을 헤아린 것처럼 행동하지만 결국은 자신만 생각하
는 경우가 있다. 요즘 같은 세태에 서로가 마음을 터놓고 얘기할 수 있다
면 그것 또한 행복일 것이다.

海枯終見底나 人死不知心이니라

(해고종견저 인사부지심)

(한자풀이) 海(바다 해)　枯(마를 고)　終(끝날 종)

(숙어풀이) 海枯 : 바닷물이 마르다
　　　　終 : 마침내
　　　　見底 : 바닥이 보이다

(해설) 바다는 마르면 마침내 바닥을 볼 수 있으나 사람은 죽어도 그 마음을 알지 못한다.

　바다가 마른다는 것은 있을 수 없는 일이다. 하물며 바닷물이 마르면 그 밑바닥을 볼 수 있지만, 사람은 죽어서도 그 마음은 도저히 알 수가 없다는 것이다. 참으로 알기 어려운 것이 사람의 마음임을 다시 한번 강조한 글이다.

太公 曰

凡人은 不可逆相이요 海水는 不可斗量이니라

(태공 왈 범인 불가역상 해수 불가두량)

(한자풀이) 逆(거스를 역) 相(서로 상) 斗(말 두) 量(헤아릴 량)
人(사람 인, 사람이 하는 일)

(숙어풀이) 逆相 : 미리 내다보다
斗量 : 말로 재다(헤아리다)

(해설) 태공이 말하기를, "무릇 사람이 하는 일은 미리 점칠 수 없고 바닷물은 가히 말(斗)로 잴 수 없다." 고 하였다.

　한없이 넓고 넓은 바다를 한낱 말(斗)로 헤아릴 수 없듯이 사람의 앞날 또한 쉽게 예측할 수 없다는 뜻이다. 가난하다가도 부자가 될 수 있고, 천하다가도 귀하게 될 수 있는 것이 사람의 운명이다. 무슨 일이든지 꾸준히 노력한다면 자신의 뜻을 이룰 수 있을 것이다.

景行錄에 云

結怨於人은 謂之種禍요

捨善不爲는 謂之自賊이라

(경행록 운 결원어인 위지종화 사선불위 위지자적)

(한자풀이) 結(맺을 결)　怨(원망할 원)　謂(이를 위)　種(씨 종)
捨(버릴 사)　賊(도둑 적, 해칠 적)

(숙어풀이) 結怨 : 서로 원수가 되거나 원한을 품게 되다
謂之 : ~라고 말한다, ~라고 이른다
捨善 : 착한 것을 버리다
自賊 : 스스로 해치다

(해설) <경행록>에 이르기를, "남과 원한을 맺는 것은 재앙의 씨를 심는다고 말하고, 착한 것을 버리고 착한 일을 하지 않는 것은 스스로를 해치는 것이다." 고 하였다.

　다른 사람에게 원한을 사게 되면 언젠가는 나 자신도 그만큼의 보복을 받게 될 것이다. 원한은 원한을 낳는 법, 애당초 다른 사람과 원한을 맺는 일이 없어야 할 것이다. 법구경(法句經)에 '오직 참음으로써 원한은 사라지며, 이 법은 영원히 변하지 않는다.' 라고 했다. 또한 선이란 인간으로 당연이 행하여야 할 가치 있는 일인데도 이를 행하지 않는다면 스스로 자신을 포기하는 일이니 이는 곧 자신을 해친다는 뜻이다.

若聽一面說이면 便見相離別이니라

(약청일면설 변견상이별)

한자풀이 若(만약 약) 聽(들을 청) 便(문득 변, 편할 편)
　　　 離(떼어놓을 리)

숙어풀이 一面說 : 한쪽 말

便 : 문득

相離別 : 서로 헤어지다, 서로 멀어지다

해설 만약 한쪽 말만 들으면 서로 친한 사이가 멀어짐을 보게 된다.

'한쪽 말만 듣고 송사 못한다.' 라는 속담이 있듯이 한쪽 말만 듣고 옳고 그름을 판단해서는 안 된다는 교훈이다. 한쪽 말만 듣고 의심하거나 원망하게 되면 자칫 서로 믿었던 사람이라도 멀어지게 마련이다.

飽煖엔 思淫慾하고 飢寒엔 發道心이니라

(포난 사음욕 기한 발도심)

(한자풀이) 飽(배부를 포) 煖(따뜻할 난) 淫(음란할 음) 飢(주릴 기)
寒(찰 한) 發(일어날 발, 쏠 발)

(숙어풀이) 飽暖 : 배부르고 따뜻하다
飢寒 : 배고프고 춥다
道心 : 도덕적인 마음

(해설) 배부르고 따뜻하면 나쁜 욕심이 생기고, 배고프고 추우면 도심(道心)이 일어난다.

이는 재물이 많아 생활이 넉넉할수록 겸손하고 검소한 생활을 하여야 하고 비록 가난하여 생활이 어렵더라도 선한 마음과 바른 행동을 하여야 한다는 것이다.

疎廣 曰

賢人多財면 則損其志하고

愚人多財면 則益其過니라

(소광 왈 현인다재 즉손기지 우인다재 즉익기과)

(한자풀이) 疎(성씨 소) 廣(넓을 광) 賢(어질 현) 損(덜 손)
　　　　　 益(더할 익) 愚(어리석을 우)

(숙어풀이) 多財 : 재물이 많다
　　　　　 損其志 : 그 뜻(지조)가 손상되다
　　　　　 益其過 : 그 허물이 많아지다

(해설) 소광이 말하기를, "어진 사람이 재물이 많으면 그 뜻을 손상하게
되고, 어리석은 사람이 재물이 많으면 그 허물을 더 하게 된다."고 하였다.

　바르게 살아가던 사람도 돈을 많이 가지게 되면 그 본심이 흐려져 더
많은 욕심을 부리게 되고, 어리석은 사람이 돈이 많으면 마음이 자칫 교
만해지기 쉽고 행실이 바르지 못해 타락하게 되니 그 허물이 더욱 늘어난
다는 뜻이다.

(참조) 소광(疎廣) : 중국 전한 선제(宣帝) 때 사람으로 자는 중옹(仲翁)이다.
벼슬을 그만두자 임금이 많은 재물을 내렸으나 소광은 그 재물들을 친구들에게 모
두 나누어주었다. 어떤 사람이 손들을 위하여 재산을 남겨두라고 권하자 위와 같
이 말하였다고 한다.

人貧智短하고 福至心靈이니라

(인빈지단 복지심령)

(한자풀이) 貧(가난할 빈)   智(지혜 지)   短(짧을 단)   靈(신령 령)

(숙어풀이) 智短 : 지혜가 짧다

心靈 : 마음이 영명해지다

(해설) 사람이 가난하면 지혜가 짧아지고, 복이 이르면 마음이 영명해진다.

　사람이 너무 가난하면 마음까지 위축되어 가지고 있던 지혜마저 제 마음대로 발휘하지 못하고, 마침내 행운이 찾아와 생활에 여유가 생기면 재주와 지혜가 뛰어나게 된다는 뜻이다.

不經一事면 不長一智니라

(불경일사 부장일지)

한자풀이) 經(경험할 경)　　事(일 사)

숙어풀이) 不經 : 겪지 않다, 경험하지 않다

不長 : 자라지 않는다, 늘지 않는다

해설) 한 가지 일을 경험하지 않으면, 한 가지 지혜도 생겨나지 않는다.

'경험은 모든 일의 스승이며 지혜의 어머니' 라는 말이 있다. 이처럼 지혜는 경험을 통해서 생겨나는 것이다. 그러므로 여러 가지 경험을 통해 인생에 도움이 되는 지혜를 길러야 한다.

是非終日有_{라도} 不聽自然無_{니라}

是非終日有라도 不聽自然無니라

(시비종일유 불청자연무)

(한자풀이) 是(옳을 시)　非(그를 비)　聽(들을 청)

(숙어풀이) 是非 : 옳고 그름
　　　　　終日 : 아침부터 저녁까지, 하루 종일
　　　　　自然 : 저절로

(해설) 시비가 종일토록 있을지라도 듣지 않으면 저절로 없어진다.

　손바닥도 마주쳐야 소리가 나는 법이다. 하루 종일 잘잘못을 가린다할지라도 상대하지 않으면 자연 그 시비는 사라지게 된다.

來說是非者는 便是是非人이니라

(내설시비자 변시시비인)

한자풀이 說(말씀 설)   便(곧 변, 편안할 편)

숙어풀이 來說 : 와서 말하다

便是 : 이것이 곧

해설 와서 남의 시비를 말하는 사람이 바로 나에게 시비를 거는 사람이다.

스스로 찾아와서 남의 잘잘못을 따지는 사람이야말로, 쓸데없이 시비를 걸고 말썽을 일으키는 장본인이다.

擊壤詩에 云 平生에 不作皺眉事하면 世上에

應無切齒人이니 大名을 豈有鐫頑石가 路上

行人이 口勝碑니라

(격양시 운 평생 부작추미사 세상 응무절치인 대명 기유전완석 노상
행인 구승비)

한자풀이) 皺(찌푸릴 추)   眉(눈썹 미)   應(응할 응)   齒(이 치)

鐫(새길 전)   路(길 로)   頑(완고할 완)

勝(나을 승, 이길 승)

숙어풀이) 皺眉 : 눈살을 찌푸리다

切齒 : 분하여 이를 갈다

頑石 : 무딘 돌, 하찮은 돌

勝 : ~보다 낫다

해설) <격양시>에 이르기를, "평생에 눈살 찌푸릴 일을 하지 않으면 세
상에 이를 갈 사람이 없을 것이다. 크게 난 이름을 어찌 하찮은 돌에 새
길 것인가. 길가는 사람의 입이 비석보다 낫다." 고 하였다.

이는 남을 비방하거나 시비를 거는 일을 하지 않고 올바른 행실로 덕을
쌓으면 나에게 원한을 가질 사람은 없을 것이고, 훌륭한 이름을 무딘 돌
에 새겨 비석을 세우는 것보다는 평범한 사람의 말 한마디가 훨씬 낫다는
뜻이다.

有麝自然香이니 何必當風立고

(유사자연향 하필당풍립)

(한자풀이) 麝(사향노루 사)　香(향기 향)　當(당할 당)

(숙어풀이) 何必 : 어찌 ~할 필요가 있겠는가

當風立 : 바람을 맞아 서다

(해설) 사향을 지녔으면 저절로 향기로운데 어찌 맞바람에 설 필요가 있겠는가.

   진정으로 높은 학식과 덕망을 가진 사람이라면 자신을 내세우지 않더라도 저절로 세상에 알려지게 마련인데 굳이 스스로 내세울 필요가 없다는 뜻이다.

(참고) 사향(麝香) : 사향노루 수컷의 향낭(香囊)을 말려서 만든 가루로 약재나 향료로 쓰인다.

有福莫享盡하라 福盡身貧窮이요 有勢莫使盡하라 勢盡寃相逢이니라 福兮常自惜하고 勢兮常自恭하라 人生驕與侈는 有始多無終이니라.

(유복막향진 복진신빈궁 유세막사진 세진원상봉 복혜상자석 세혜상자공 인생교여치 유시다무종)

(한자풀이) 享(누릴 향) 盡(다될 진) 窮(궁할 궁) 勢(세력 세)
　　　　　寃(원수 원) 逢(만날 봉) 惜(아낄 석) 恭(공손할 손)
　　　　　驕(교만할 교) 侈(사치할 치)

(숙어풀이) 使盡 : 다 써버리다
　　　　　常自惜 : 항상 스스로 절제하다
　　　　　有始多無終 : 시작은 있고 끝은 없다

(해설) 복이 있다고 다 누리지 말라. 복이 다하면 몸이 빈궁해진다. 권세가 있다고 함부로 부리지 말라. 권세가 다하면 원수와 서로 만나게 된다. 복이 있거든 항상 스스로 아끼고 권세가 있거든 항상 남에게 공손해라. 살면서 교만하고 사치하면 처음은 좋을지 몰라도 끝에는 성취함이 없다.

　이는 행복이나 권력은 영원한 것이 아니므로 행복할 때 그 행복을 지키기 위해 스스로 노력하고, 권력을 지녔을 때 사람들을 대함에 있어 예의를 지키고 겸손해야 함을 가르치고 있다. 사람이 살면서 교만하고 사치스러우면 그 끝은 언제나 불행할 뿐이다.

王參政 四留銘에 曰 留有餘不盡之巧하야 以還造物하고 留有餘不盡之祿하야 以還朝廷하고 留有餘不盡之財하야 以還百姓하고 留有餘不盡之福하야 以還子孫이니라

(왕참정 사류명 왈 유유여부진지교 이환조물 유유여부진지록 이환조정 유유여부진지재 이환백성 유유여부진지복 이환자손)

<한자풀이> 參(참여할 참) 留(머무를 유) 餘(남을 여) 巧(재주 교)
還(돌아올 환) 造(지을 조) 祿(녹 록) 廷(조정 정)
姓(겨레 성)

<숙어풀이> 留 : 남기다
有餘不盡 : 여유 있게 다 쓰지 않는다
以 : 그리하여, 그렇게 함으로써
祿 : 나라에서 벼슬아치에게 주는 오늘날의 봉급

<해설> 왕참정의 <사류명>에 말하기를, "여유 있는 재주를 쓰지 않았다가 조물주에게 돌려주고, 여유 있는 복록을 다 쓰지 않았다가 조정에 돌려주고, 여유 있는 재물을 다 쓰지 않았다가 백성에게 돌려주며, 여유 있는 복을 다 누리지 않았다가 자손에게 돌려주어라." 고 하였다.

좀 더 쉽게 풀이하자면 재주는 남겨 두었다가 조물주께 돌려주고 녹봉은 남겨 두었다가 나라에 돌려주고 재물은 남겨 두었다가 백성에게 돌려

주고 복은 남겨 두었다가 자손에게 돌려주어야 한다는 뜻으로 그 모든 것이 나에게 주어졌다 하더라도 내 한 몸만을 위하여 탕진하지 말고 사회를 위해서, 다른 사람을 위해서, 자손들의 장래를 위해서 근검절약하고 덕을 베풀어야 함을 이르는 것이다.

참고　왕참정(王參政) : 중국 북송 진종(眞倧) 때의 정치가로 이름은 단(旦), 자는 자명(子明), 시호는 문정(文正)이다. 참정(參政)은 벼슬이름인 참지정사(參知政事)의 준말이다.
사류명(四留銘) : 남겨 두어야 할 네 가지를 글로 지은 것이다.

黃金千兩이 未爲貴요 得人一語가 勝千金이니라

(황금천냥 미위귀 득인일어 승천금)

(한자풀이) 黃(누를 황)   兩(양 량)   得(얻을 득)   勝(이길 승)

(숙어풀이) 未爲貴 : 귀하게 여기지 않는다, 귀하지 않다

得人一語 : 좋은 말 한 마디를 듣는 것

勝 : ~보다 낫다, ~보다 좋다

(해설) 황금 천 냥을 귀하게 여기지 않고, 남의 말 한마디 듣는 것을 덕으로 여기는 것이 천금보다 낫다.

좋은 말 한마디가 천금(千金)보다 낫다고 했다. 아무리 많은 재산이라도 언젠가는 없어지게 마련이다. 그러나 귀중한 말 한마디가 그 사람을 깨우쳐주고 바른길로 인도한다면 황금 천 냥보다 낫다는 뜻이다.

巧者는 拙之奴요 苦者는 樂之母니라

(교자 졸지노 고자 낙지모)

한자풀이 巧(재주 교) 拙(옹졸할 졸) 奴(종 노) 苦(괴로울 고)

숙어풀이 巧者 : 재주 있는 사람, 재주 타는 것은

拙 : 서투르다, 재주가 없다

苦 : 괴로움, 고생

해설 재주 있는 사람은 재주 없는 사람의 종이요, 괴로움은 즐거움의 근본이다.

재주 있는 사람은 재주 없는 사람의 종이란 말은, 교묘한 솜씨나 기술이 있는 사람은 그렇지 못한 사람들을 대신하여 그들의 수고로움을 덜어 준다는 뜻이고, 괴로움은 즐거움의 어머니란 말은 '고진감래(苦盡甘來)'라는 말도 있듯이 자신이 하고자 하는 일에 어떤 고난이 따르더라도 그 고난을 피하려고만 할 것이 아니라 오히려 당당히 맞서서 적극적인 태도로 임한다면 반드시 즐거운 일이 생긴다는 뜻이다.

小船은 難堪重載요 深逕은 不宜獨行이니라

(소선 난감중재 심경 불의독행)

한자풀이 船(배 선) 難(어려울 난) 堪(견딜 감) 載(실을 재)
　　　　　逕(좁은 길 경) 宜(마땅할 의) 獨(홀로 독)

숙어풀이 小船 : 작은 배
　　　　難堪 : 견디기 어렵다
　　　　重載 : 무거운 짐
　　　　深逕 : 으슥한 길, 깊은 길
　　　　不宜 : ~해서는 안 된다

해설 작은 배는 무겁게 싣는 것을 견디기 어렵고, 으슥한 길은 혼자 다니지 말아야 한다.

　이는 과욕을 부려 자신의 분수에 어긋나는 일을 하지 말고, 매사에 항상 조심하여 실수하는 일이 없도록 하라는 뜻이다. 조선의 유학자 이항로는 '항상 살얼음 위를 걷는 마음으로 자신을 단속하며 가볍게 행동하지 말아야 한다.' 고 하였다.

黃金이 未是貴요 安樂이 値錢多니라

(황금 미시귀 안락 치전다)

(한자풀이) 値(값 치) 錢(돈 전)

(숙어풀이) 未是貴 : 귀하지 않다

値錢 : 값어치

(해설) 황금이 귀한 것이 아니요, 편안하고 즐거움이 더 값진 것이다.

사람들은 돈에 대한 욕심이 지나쳐 결국에는 이로 인해 인생 자체를 망치는 경우가 있다. 그러나 편안하고 즐거운 마음을 얻기란 그리 쉬운 일이 아니다. 사람이 인생을 살아가는 데 있어서 중요한 것은 물질적인 황금에 있는 것이 아니라 정신적인 편안하고 즐거운 마음에 있다는 것을 강조하고 있다.

在家에 不會邀賓客이면

出外에 方知少主人이니라

(재가 불회요빈객 출외 방지소주인)

(한자풀이) 邀(맞을 요)　賓(손 빈)　客(손 객)

(숙어풀이) 不會 : ~할 줄 모른다

邀賓客 : 손님을 맞이하다

方知 : 비로소 알게 되다

(해설) 집에서 손님을 맞아 대접할 줄 모르면, 밖에 나가서 다른 집에 손님으로 가 보아야 비로소 주인이 모자람을 알게 된다.

　자신이 손님을 제대로 대접하지 않으면 다른 집에 손님으로 갔을 때 자신을 제대로 대접해 주는 주인이 없다는 뜻이다. 손님이 많이 찾아오는 집은 그 집 주인을 보지 않고도 알 수 있듯이 자신의 집에 오는 손님을 소홀히 대해서는 안 될 것이다.

貧居鬧市無相識이요 富住深山有遠親이니라

(빈거요시무상식 부주심산유원친)

<한자풀이> 貧(가난할 빈) 鬧(시끄러울 료) 識(알 식) 深(깊을 심)
　　　　 遠(멀 원)　　 親(친할 친)

<숙어풀이> 鬧市 : 번화한 시장
　　　　 相識 : 서로 알다
　　　　 遠親 : 먼 일가나 친구

<해설> 가난하면 번화한 시장거리에 살아도 서로 아는 사람이 없고, 부유하면 깊은 산 속에 살아도 먼 데서 찾아오는 친구가 있다.

'염량세태(炎凉世態)' 즉 돈이나 권력이 많을 때는 그를 쫓아 아부하고 몰락하면 푸대접하는 세상인심을 나타내는 말이다.

人義는 盡從貧處斷이요

世情은 便向有錢家니라

(인의 진종빈처단 세정 변향유전가)

한자풀이 從(좇을 종)　斷(끊을 단)　便(곧 변, 편안할 편)
　　　　錢(돈 전)

숙어풀이 從 : ~에서, ~로부터
　　　　便向 : 곧 ~으로 쏠린다
　　　　有錢家 : 돈 있는 집

해설　사람의 의리는 다 가난한 데서 끊어지고, 세상의 인정은 돈 있는
집으로 쏠린다.

　사람이 가난해지면 가까운 친척이나 친구들까지 등을 돌리는 것처럼 세
상인심이 따뜻한 인정보다는 물질적인 것에 좌지우지되는 것을 경계한 글
이다.

寧塞無底缸이언정 難塞鼻下橫이니라

(영색무저항 난색비하횡)

한자풀이) 塞(막힐 색)　缸(항아리 항)　寧(차라리 녕, 편안할 녕)
　　　　 鼻(코 비)　　橫(가로 횡)

숙어풀이) 寧 : 차라리 ~할지언정
　　　　 無底缸 : 밑 빠진 항아리
　　　　 鼻下橫 : 코 아래 가로놓인 입

해설) 차라리 밑 빠진 항아리는 막을지언정, 코 아래 가로 놓인 입은 막기 어렵다.

　차라리 밑 빠진 항아리는 막을지언정 사람이 먹지 않고는 살 수 없음을 이른 말이다. 이는 절제하지 못하고 자신이 먹고 싶은 대로 다 먹다가는 아무리 많은 재산이라도 금방 거덜이 난다는 뜻이다. 또한 한 번 입에서 나온 말은 다시 주워 담을 수 없으니 말을 함부로 하지 말라는 경고이기도 하다.

人情은 皆爲窘中疎니라

(인정 개위군중소)

(한자풀이) 皆(다 개) 窘(궁해질 군) 疎(멀어질 소, 트일 소)

(숙어풀이) 皆爲 : 다 ~하게 되다
　　　　　窘 : 군색하다. 궁핍하다
　　　　　疎 : 소원(疎遠)해지다, 멀어지다

(해설) 사람의 정은 모두 군색한 가운데서 멀어지게 된다.

'오는 정이 있어야 가는 정도 있다.'라는 속담이 있듯이 인정이란 것이 서로 주고받는 것인데 사람이 생활이 군색해져 자신의 해야 할 도리를 제대로 하지 못하면 마침내 가까운 친척이나 친구들까지도 멀어지게 된다는 뜻이다.

史記에 曰 郊天禮廟는 非酒不享이요 君臣朋

友는 非酒不義요 鬪爭相和는 非酒不勸이라

故로 酒有成敗而不可泛飲之니라

(사기 왈 교천예묘 비주불향 군신붕우 비주불의 투쟁상화 비주불권
고 주유성패이불가범음지)

郊(성 밖 교)   廟(사당 묘)   享(제사지낼 향)   朋(벗 붕)

　　　　鬪(싸움 투)   勸(권할 권)   敗(깨뜨릴 패)   飮(마실 음)

　　　　泛(함부로 범, 뜰 범)

郊天 : 임금이 하늘에 교제를 지내다

　　　　禮廟 : 사당(祠堂)에 제례를 올리다

　　　　*가묘(家廟) : 한 집안의 사당

　　　　*종묘(宗廟) : 임금과 왕비의 위패를 모신 왕가의 사당

　　　　享 : 흠향하다(歆饗 : 신이나 혼령이 제물을 받는 것)

　　　　鬪爭相和 : 싸우고 서로 화해하다

　　　　泛飮之 : 함부로 술을 마시다

해설　<사기>에 이르기를, "하늘에 제사를 지내고 사당에 제례 올림에
도 술이 아니면 제물을 받지 않을 것이요, 임금과 신하, 벗과 벗 사이에도
술이 아니면 의리가 두터워지지 않을 것이요, 싸움을 하고 서로 화해함에
도 술이 아니면 권하지 못할 것이다. 그러므로 술은 성취와 실패도 될 수
있으므로 함부로 마시면 안 된다."고 하였다.

인간 사회에서 꼭 필요한 것 중에 하나가 바로 술이다. 이 글은 술의 그 용도 대해서 말하고 있는데 제사를 지낼 때나 임금과 신하, 친구사이에도 술이 있어 그 의리가 더욱 돈독해지고 다툰 후 서로 화해할 때도 술이 있어 더욱 화해하기가 쉽다. 하지만 '술이 술을 마신다'는 말처럼 지나친 음주는 자신에게 해를 끼칠 수 있다. 이렇듯 술에는 화해도 있고 재앙도 있으니 함부로 마셔서는 안 된다는 교훈이다.

참고　사기(史記) : 중국 전한(前漢) 때 사마천(司馬遷)이 황제(黃帝)로부터 한나라 무제(武帝)까지의 역대 왕조의 사적을 저술한 중국의 정사(正史) 역사책이다. 이 책은 역대 중국 정사의 모범이 된 기전체(紀傳體)의 효시로서, 제왕의 연대기인 본기(本紀) 12편, 제후왕을 중심으로 한 세가(世家) 30편, 역대 제도 문물의 연혁에 관한 서(書) 8편, 연표인 표(表) 10편, 개인의 활동을 다룬 전기 열전(列傳) 70편, 총 130편으로 구성되어 있다.

교제(郊祭) : 옛날 중국에서 천자(天子)가 성 밖에 나가서 제사를 지내는 것을 말한다. 동지에는 남쪽 교외에서 하늘에 지냈고, 하지에는 북쪽 교외에서 땅에 제사를 지냈다.

子曰

士志於道而恥惡衣惡食者는 未足與議也니라

(자 왈 사지어도이치악의악식자 미족여의야)

<한자풀이> 恥(부끄러워할 치)　與(더불어 여)　議(의논할 의)

<숙어풀이> 惡衣惡食 : 나쁜 옷과 나쁜 음식. 허름한 옷과 거친음식

　　　　　未足 : 아직 부족하다

　　　　　與議 : 더불어 의논하다

<해설> 공자가 말하기를, "선비로서 도에 뜻을 두면서 나쁜 옷과 나쁜 음식을 부끄러워하는 자는 서로 더불어 의논할 사람이 못된다."고 하였다.

　선비란 자고로 학식은 있으나 벼슬에 연연해하지 않고 어질고 순한 사람을 일컫는 말이다. 그런 선비가 자신이 허름한 옷과 거친 음식을 부끄러워한다면 그는 벌써 선비의 자격이 없는 것이다.

荀子 曰

士有妬友則賢交不親하고

君有妬臣則賢人不至니라

(순자 왈 사유투우즉현교불친 군유투신즉현인부지)

한자풀이 荀(풀이름 순)　妬(질투할 투)　則(곧 즉)　賢(어질 현)

숙어풀이 妬友 : 친구를 질투하다

　　　賢交不親 : 어진 사람과 친할 수 없다

　　　賢人不至 : 어진 사람이 오지 않는다

해설 순자가 말하기를, "선비가 벗을 투기하는 일이 있으면 어진 벗과 친할 수 없고, 임금이 신하를 투기하는 일이 있으면 어진 신하가 오지 않는다." 고 하였다.

　선비로서 자신보다 나은 친구를 시기하거나 미워한다면 어진 친구를 사귈 수 없고, 임금이 신하를 질투하여 멀리한다면 현명한 신하는 없고 오직 아부하는 신하만이 있을 것이라는 것이다.

天不生無祿之人하고 地不長無名之草이니라

(천불생무록지인 지부장무명지초)

한자풀이 無(없을 무)   祿(복 록)   草(풀 초)

숙어풀이 天不生 : 하늘은 내지 않는다
　　　　無祿之人 : 녹(먹을 것, 복)이 없는 사람
　　　　地不長 : 땅은 기르지 않는다
　　　　無名之草 : 이름 없는 풀

해설 하늘은 녹(복이) 없는 사람을 내지 않고, 땅은 이름 없는 풀을 자라게 하지 않는다.

　'자기가 먹을 것은 자기가 타고 난다.'라는 말이 있듯이 세상의 모든 사람들은 저마다의 할 일이 있고 그에 따른 자신의 몫이 있는 것이다. 또한 아무리 작고 볼품없는 풀이라도 싹이 트면 땅은 잘 자라게 해준다는 뜻이다. 그러니 자신의 위치에서 무슨 일이든 최선을 다한다면 그만한 대가를 얻게 될 것이다.

大富는 由天하고 小富는 由勤이니라

(대부 유천 소부 유근)

(한자풀이) 富(가멸 부)   由(말미암을 유)   勤(부지런할 근)

(숙어풀이) 由 : ~에 달려 있다, 말미암다

(해설) 큰 부자는 하늘에 달려 있고, 작은 부자는 부지런한 데 달려 있다.

　큰 부자가 되기는 여간 어려운 일이 아니다. 공자의 제자인 자하(子夏)도 '인간의 생사는 천명(天命)이므로 사람의 뜻대로 되는 것이 아니고 부귀 또한 하늘에 달려 있어 사람의 힘으로써는 어찌할 수가 없다.' 라고 했다. 그러나 '부지런한 물방아는 얼 새도 없다.' 라는 속담도 있듯이 무슨 일이든 부지런히 노력한다면 자신의 뜻을 이룰 수가 있는 것이다. 그러니 큰 부자가 되려는 욕심은 버리고 자신의 일에 최선을 다하여야 한다.

成家之兒는 惜糞如金하고

敗家之兒는 用金如糞이니라

(성가지아 석분여금 패가지아 용금여분)

(한자풀이) 兒(아이 아)   惜(아낄 석)   糞(똥 분)

(숙어풀이) 成家 : 집안을 일으키다
　　　　　惜糞 : 인분을 아끼다
　　　　　如 : ~와 같이
　　　　　敗家 : 집안을 망치다

(해설) 집안을 일으킬 아이는 똥을 아끼기를 금과 같이 하고, 집안을 망칠 아이는 돈 쓰기를 똥과 같이 한다.

'푸성귀는 떡잎부터 알고 사람은 어렸을 때부터 안다' 라는 말이 있다. 이는 크게 될 사람은 어려서부터 남다른 데가 있어 알아볼 수 있다는 말이다. 더러운 똥마저 금처럼 아낀다면 그 집안이 번성하게 되는 것은 말할 나위도 없다. 이렇듯 어려서부터 근검절약하는 자세가 필요한 것이다.

邵康節先生 曰 閑居에 愼勿說無妨하라

纔說無妨便有妨이니라 爽口物多能作疾이요

快心事過必有殃이라 與其病後能服藥으론

不若病前能自防이니라

(소강절선생 왈 한거 신물설무방 재설무방변유방 상구물다능작질 쾌심사과필유앙 여기병후능복약 불약병전능자방)

(한자풀이) 愼(삼갈 신)　妨(방해할 방)　纔(겨우 재)　爽(시원할 상)

　　　　　疾(병 질)　　殃(재앙 앙)　　服(먹을 복)　藥(약 약)

　　　　　若(같을 약)　防(방비할 방)

(숙어풀이) 閑居 : 걱정 없이 한가하게 지내다

　　　　　愼勿 : 삼가고 ~하지 말라

　　　　　無妨 : 지장이 없다, 괜찮다

　　　　　便 : 문득

　　　　　爽口 : 입에 상쾌하게 맞다(입맛에 맞다)

　　　　　作疾 : 병이 생기다

　　　　　與其 ~ 不若~ : ~하기보다는 ~하는 것이 낫다

　　　　　服藥 : 약을 먹다(服用)

　　　　　自防 : 스스로 조심하다

(해설) 소강절선생이 말하기를, "한가롭게 살 때 삼가 걱정할 것이 없다고 말하지 말라. 겨우 걱정할 것이 없다는 말이 입에 나가자 문득 걱정거리

가 생기리라. 입에 상쾌한 음식이라고 해서 많이 먹으면 병을 만들 것이요, 마음에 즐거운 일이라고 해서 지나치게 하면 반드시 재앙이 있으리라. 병이 난 후에 약을 먹는 것보다는 병이 나기 전에 스스로 조심하는 것이 좋다." 고 하였다.

이는 절제와 중용을 강조한 글이다. <논어(論語)>의 선진편(先進篇)에, '과유불급(過猶不及)'이란 말이 있다. 지나침은 미치지 못함과 같다는 뜻으로 '중용(中庸)'의 중요성을 이르는 말이다. 편안하게 잘 살 때 절제하여 앞날을 미리 대비하고, 쓸데없는 말은 삼가야 하고, 음식은 적당하게 먹어야 하고, 지나친 쾌락은 패가망신의 지름길이니 절제해야 하고, 건강할 때 미리 건강에 마음을 써야 한다는 것이다.

梓潼帝君垂訓에 曰 妙藥이 難醫冤債病이요 橫財는 不富命窮人이야 生事事生을 君莫怨하고 害人人害를 汝休嗔하라 天地自然皆有報하니 遠在兒孫近在身이니라

(재동제군수훈 왈 묘약 난의원채병 횡재 불부명궁인 생사사생 군막원 해인인해 여휴진 천지자연개유보 원재아손근재신)

梓(가래나무 재)　潼(물 이름 동)　垂(드리울 수)

妙(묘할 묘)　醫(의원 의)　冤(원통할 원)

債(빚 채)　窮(다할 궁)　汝(너 여)

嗔(성낼 진)　報(갚을 보)

숙어풀이

妙藥 : 신통하게 잘 듣는 약

冤債病 : 원한이 맺혀서 생긴 병

橫財 : 뜻밖에 얻은 재물

生事事生 : 일을 만들어 일이 생기다

害人人害 : 남을 해쳐 남이 해치다

休嗔 : 성내지 말라

皆有報 : 다 갚음이 있다(인과응보가 따른다)

해설　재동제군의 수훈에 이르기를, "신묘한 약이라도 원한의 병은 고치기 어렵고, 뜻밖에 얻은 재물도 운수가 다한 사람은 부자로 만들지 못한다. 일을 만들어 일이 생기는 것을 원망하지 말고, 남을 해쳐 보복 받는

성심편 상 213

것을 그대는 성내지 말라. 천지간에 모든 일은 다 갚음이 있나니 멀게는 자손에게 있고 가까우면 자기 몸에 있다.” 고 하였다.

 ‘인과응보(因果應報)’란 말이 있다. 과거 또는 전생에서 행한 선악(善惡)의 인연에 따라서 뒷날 길흉화복을 갚게 된다는 말이다. 자신의 욕심으로 인해 다른 사람에게 원한을 산다면 언제 어디서 그 보복을 받게 될지 알 수 없는 일이다. 만약 자신이 받지 않으면 그 해가 자손에게까지 미칠 것을 두려워해야 할 것이다.

참고 재동제군(梓潼帝君) : 도교에서 받들어 모시는 신선. 사람의 복록과 학문을 맡아 다스린다는 신이다.

花落花開開又落하고 錦衣布衣更換着이라

豪家未必常富貴요 貧家未必長寂寞이라

扶人未必上靑霄요 推人未必塡溝壑이라

勸君凡事莫怨天하라 天意於人無厚薄이니라

(화락화개개우락 금의포의갱환착 호가미필상부귀 빈가미필장적막 부
인미필상청소 추인미필전구학 권군범사막원천 천의어인무후박)

(한자풀이) 落(떨어질 락)　錦(비단 금)　更(다시 갱)　換(바꿀 환)
　　　　着(붙을 착)　豪(호걸 호)　寂(고요할 적)　寞(쓸쓸할 막)
　　　　扶(붙을 부)　霄(하늘 소)　推(옮을 추)　塡(메울 전)
　　　　溝(도랑 구)　壑(구렁 학)　厚(두터울 후)　薄(엷을 박)

(숙어풀이) 開又落 : 피었다가 다시 진다

　　　　更換着 : 다시 바꿔 입다

　　　　豪家 : 부유하고 세력이 있는 집안

　　　　未必 : 반드시 ~하지 않는다

　　　　扶人 : 사람을 붙들다, 부축하다

　　　　靑霄 : 푸른 하늘

　　　　推人 : 사람을 밀다

　　　　溝壑 : 골짜기

(해설) 꽃은 졌다가 피고, 피었다 다시 진다. 비단옷도 다시 베옷으로 바
꿔 입는다. 넉넉하고 호화로운 집이라고 해서 반드시 언제나 부귀한 것이

아니요, 가난한 집이라도 반드시 늘 적막하고 쓸쓸하지 않다. 사람이 밀어 올려도 반드시 하늘에 올라가지 못할 것이요, 사람을 밀어뜨린다 해도 반드시 깊은 구렁에 떨어지지 않는다. 그대에게 권하노니, 모든 일에 하늘을 원망하지 말라. 하늘의 뜻은 사람에게 후하고 박함이 없다.

'흥망성쇠와 부귀재천이 물레바퀴 돌 듯 한다.' 라는 말이 있다. 이는 사람의 운명은 돌고 돌아 늘 변한다는 말이다. 꽃이 아무리 아름답게 피었다고 해도 열흘을 가지 않고, 아무리 큰 부자라도 백년을 가지 않는다고 했다. 한 번 융성하면 반드시 쇠퇴할 날이 오는 것이니 자신이 지금 어렵다고 해서 하늘만 원망하지 말고 오직 착한 마음과 올바른 행실로 성실히 살아가는 것이 현명한 것이다.

堪歎人心毒似蛇라 誰知天眼轉如車요

去年妄取東隣物터니 今日還歸北舍家이라

無義錢財湯潑雪이요 儻來田地水推沙니라

若將狡譎爲生計면 恰似朝開暮落花이라

(감탄인심독사사 수지천안전여거 거년망취동린물 금일환귀북사가 무의전재탕발설 당래전지수추사 약장교휼위생계 흡사조개모락화)

堪(견딜 감)　歎(한탄할 탄)　轉(구를 전)　蛇(뱀 사)

隣(이웃 린)　湯(끓을 탕)　潑(뿌릴 발)　儻(갑자기 당)

沙(모래 사)　狡(교활할 교)　譎(속일 휼)　恰(마치 흡)

暮(저녁 모)

숙어풀이 毒似蛇 : 독하기가 뱀과 같다

誰知 : 누가 알겠는가

去年 : 지난 해

湯潑 : 끓는 물에 뿌리다

儻來 : 뜻밖에 생기다(오다)

水推沙 : 물에 밀려온 모래

狡譎 : 간교한 속임수

恰似 : 비슷하다

朝開暮落 : 아침에 피었다가 저녁에 지다

(해설) 사람의 마음이 독하기가 뱀 같음을 한탄하여 마지않는다. 누가 하늘에서 보는 눈이 수레바퀴처럼 돌아가고 있음을 알겠는가. 지나간 해에 부질없이 동쪽 집의 물건을 가져 왔더니 오늘은 어느덧 북쪽 집으로 돌아갔구나. 의롭지 못하게 취한 돈과 재물은 끓는 물에서 녹는 눈과 같이 없어질 것이요, 뜻밖에 얻어진 전답은 물에 밀려온 모래와 같다. 만약 교활한 속임수로 생계를 삼는다면 그것은 흡사 아침에 피었다가 저녁에 시들어지는 꽃과 같다.

탐욕에 눈이 어두운 사람은 하늘이 자신을 지켜보고 있다는 것도 모르고, 자신의 욕심을 채우기 위해 수단과 방법을 가리지 않는다. 옳지 못한 방법으로 얻은 재물은 끓는 물에 녹는 눈처럼 금방 사라지고, 물에 휩쓸려 사라지는 모래와 같이 허무한 것이니, 하늘의 뜻을 거스르지 말고 정직한 마음으로 살아야 한다는 교훈이다.

無藥可醫卿相壽요 有錢難買子孫賢이니라

(무약가의경상수 유전난매자손현)

한자풀이) 卿(벼슬 경)　壽(목숨 수)　錢(돈 전)　買(살 매)

숙어풀이) 無藥可醫 : 약으로도 고칠 수 없다

　　　　有錢難買 : 돈이 있어도 사기 어렵다

해설) 모든 약으로도 경상의 수명은 고칠 수 없고, 돈이 있어도 자손의 현명함을 사지 못한다.

　사람의 목숨이라는 것은 하늘에 달려 있으니 어떤 권력이라도 소용이 없고, 자손이 어질고 현명한 것은 하루아침에 이루어지는 것이 아니니 아무리 많은 돈이라도 살 수 없는 것이다.

一日淸閑이면 一日仙이니라

(일일청한 일일선)

한자풀이) 淸(맑을 청)　閑(한가할 한)

숙어풀이) 淸閑 : 마음이 깨끗하고 한가하다
　　　　　仙 : 신선

해설) 하루라도 마음이 깨끗하고 편안하다면 그 하루는 신선이 된다.

　아무리 바쁘고 고달픈 생활이지만 단 하루라도 마음이 편안하고 한가할
수 있다면 그것이 신선과 다름이 없다는 것이다.

성심편
省心篇 下

이 편은 상편과 마찬가지로 자신의 반성과 함께
올바른 마음가짐을 가르치고 있다

眞宗皇帝 御製에 曰 知危識險이면 終無羅網之門이요 擧善薦賢이면 自有安身之路라 施仁布德은 乃世代之榮昌이요 懷妬報冤이면 與子孫之危患이라 損人利己면 終無顯達雲仍이요 害衆成家면 豈有長久富貴리요 改名異體는 皆因巧語而生이요 禍起傷身은 皆是不仁之召니라

(진종황제 어제 왈 지위식험 종무라망지문 거선천현 자유안신지로 시인포덕 내세대지영창 회투보원 여자손지위환 손인이기 종무현달운잉 해중성가 기유장구부귀 개명이체 개인교어이생 화기상신 개시불인지소)

懷妬報寃 : 시기하는 마음을 품고 원한을 갚다

雲仍 : 운손(雲孫)과 잉손(仍孫)이라는 뜻으로 대수(代數)가
　　　먼 자손을 이른다.

豈有 : 어찌 ~함이 있으랴

改名異體 : 이름을 바꾸고 몸을 달리하다

禍起傷身 : 화가 일어나 몸이 상하다

(해설) 진종황제가 어제에 말하기를, "위태로운 것을 알고 험한 것을 알면 죄의 그물에 걸리는 일이 없을 것이고, 착한 일을 추켜세우고 어진 사람을 천거하면 저절로 몸이 편안할 길이 열릴 것이다.

인을 베풀고 덕을 베풀면 곧 대대로 번영을 가져올 것이고, 시기하는 마음을 품고 원한을 갚으면 자손에게 근심을 끼쳐주는 것이다.

남을 해롭게 해서 자기를 이롭게 한다면, 마침내 이름을 세상에 빛내는 자손이 없고, 뭇 사람에게 해를 끼쳐 집안을 이룬다면 어찌 그 부귀가 길게 가겠는가.

이름을 바꾸고 몸을 달리함은 모두 간교한 말로 말미암아 생겨나고, 재앙이 일어나 몸이 상함은 모두가 어질지 못함이 부르는 것이다."고 하였다.

(참고) 진종황제(眞宗皇帝) : 중국 북송의 제3대 황제로 이름은 항(恒)이다. 25년간 재위하였다.

神宗皇帝 御製에 曰 遠非道之財하고 戒過
度之酒하며 居必擇隣하고 交必擇友하며 嫉妬
勿起於心하고 讒言勿宣於口하며 骨肉貧者를
莫疎하고 他人富者를 莫厚하며 克己는 以勤
儉爲先하고 愛衆은 以謙和爲首하며 常思已
往之非하고 每念未來之咎하라 若依朕之斯言
이면 治國家而可久니라

(신종황제 어제 왈 원비도지재 계과도지주 거필택린 교필택우 질투물
기어심 참언물선어구 골육빈자 막소 타인부자 막후 극기 이근검위선
애중 이겸화위수 상사이왕지비 매념미래지구 약의짐지사언 치국가이
가구)

한자풀이 擇(가릴 택) 隣(이웃 린) 嫉(시기할 질) 讒(참소할 참)
厚(두터울 후) 疎(트일 소) 勤(부지런할 근) 儉(검소할 검)
愛(사랑 애) 謙(겸손할 겸) 咎(허물 구) 朕(나 짐)

숙어풀이 非道之財 : 도리에 어긋난 재물
過度之酒 : 정도가 지나친 음주
居必擇隣 : 살 때는 반드시 이웃을 가려서 정하다
交必擇友 : 사귈 때는 반드시 친구를 가려서 사귀다
讒言 : 거짓으로 꾸며서 남을 헐뜯는 말. 참설(讒說)

骨肉 : '골육지친(骨肉之親)'의 준말로 부모 형제나 가까운 친척

莫疎 : 소홀하게 대하지 말라

莫厚 : 후하게 대하지 말라

已往 : 이미 지나가다

每念 : 항상 생각하다

若依 : 만약 ~을 따르다

朕 : 천자(天子)가 자기를 말할 때 쓰는 말

해설) 신종황제 어제에 말하기를, "도리에 어긋난 재물은 멀리하고 정도에 지나친 술은 경계하며, 이웃은 반드시 가려서 살고, 친구를 사귈 때는 반드시 가려 사귈 것이다.

남을 시기하는 마음을 갖지 말고, 남을 헐뜯는 말을 입에 올리지 말고, 친족이 가난하다 해서 소홀히 대하지 말고, 부유한 사람에게 아첨하지 말 것이다.

자기의 사리사욕을 이겨내는 데는 부지런함과 검소함을 그 으뜸으로 삼고, 사람을 사랑하는 데는 겸손하고 화목한 것을 첫째로 삼을 것이다. 항상 지난날의 잘못됨을 생각하고 앞날의 허물을 생각하라.

만약 나의 이 말에 따라서 잘 다스린다면 나라와 집안을 오랫동안 잘 다스릴 수 있을 것이다." 고 하였다.

참고) 신종황제(神宗皇帝) : 중국 북송의 제6대 황제로 이름은 욱(頊)이다. 왕안석의 신법(新法) 시행으로 백성들의 원망을 샀다.

高宗皇帝 御製에 曰 一星之火도 能燒萬頃

之薪하고 半句非言도 誤損平生之德이라 身

被一縷나 常思織女之勞하고 日食三飧이나

每念農夫之苦하라 苟貪妬損은 終無十載安

康하고 積善存仁이면 必有榮華後裔니라 福緣

善慶은 多因積行而生이요 入聖超凡은 盡是

眞實而得이니라

(고종황제 어제 왈 일성지화 능소만경지신 반구비언 오손평생지덕 신
피일루 상사직녀지로 일식삼손 매념농부지고 구탐투손 종무십재안강
적선존인 필유영화후예 복연선경 다인적행이생 입성초범 진시진실이
득)

<한자풀이> 能(능할 능) 燒(사를 소) 頃(밭 넓이 단위 경)
薪(섶나무 신, 땔나무 신)   誤(그릇할 오) 織(짤 직)
縷(실 루, 누더기 루)   飧(저녁밥 손) 貪(탐할 탐)
苟(구차할 구, 진실로 구)   載(해 재, 실을 재)
積(쌓을 적) 裔(후손 예) 緣(인연 연)   慶(경사 경)
超(넘을 초) 盡(다 될 진)

<숙어풀이> 一星 : 하나의 별이라는 말로 여기서는 적은 것을 의미한다.
萬頃 : 한없이 넓음을 이른다. 경(頃)은 중국 고대의 면적의 단

위로 1경은 오늘날의 1만평에 해당한다.

身被 : 몸에 걸치다

一縷 : 한 올의 실

三飧 : 세 끼의 밥

十載 : 십년

積善存仁 : 선을 쌓고 어진 마음을 지니다

入聖超凡 : 평범함을 초월해서 성인의 경지에 들어가다

(해설) 고종황제 어제에 말하기를, "한 점의 불도 능히 만경의 숲을 태우고, 짧은 반 마디 그릇된 말이 평생의 덕을 허물 수 있다.

몸에 한 오라기의 실을 걸치더라도 항상 베 짜는 여자의 수고로움을 생각하고, 하루 세 끼니의 밥을 먹더라도 농사짓는 사람의 노고를 생각하라.

구차하게 탐내고 시기해서 남에게 손해를 끼친다면, 마침내 편안하고 건강함이 십 년을 채우지 못할 것이다. 선을 쌓고 어질게 살면, 반드시 후손들에게 영화가 있을 것이다.

행복과 경사스러운 일은 대부분 선행을 쌓는 데서 생겨나고, 평범함을 초월해서 성인의 경지에 들어가는 것은 모두 진실함으로써 얻어지는 것이다."고 하였다.

(참고) 고종황제(高宗皇帝) : 중국 남송(南宋)의 초대 황제(재위 1127~1162)로 이름은 구(構)이다. 휘종의 9번째 아들이자 흠종(欽宗)의 동생이다. 1127년 금(金)나라 군사가 중국 북부를 침략하여 휘종과 흠종을 포로로 잡아가자, 흠종 대신에 즉위하였다.

王良이 曰 欲知其君인대 先視其臣하고 欲知
其人대 先視其友하고 欲知其父인대 先視其
子하라 君聖臣忠하고 父慈子孝이니라

(왕량 왈 욕지기군 선시기신 욕지기인 선시기우 욕지기부 선시기자
군성신충 부자자효)

(한자풀이) 良(좋을 량) 欲(하고자 할 욕) 視(볼 시) 慈(사랑할 자)
聖(성스러울 성)

(숙어풀이) 欲知 : 알려고 하다
先視 : 먼저 보다
君聖臣忠 : 임금이 거룩하면 신하가 충성스럽다
父慈子孝 : 아비가 아들을 사랑하면 아들은 효도를 한다

(해설) 왕량이 말하기를, "그 임금을 알려고 한다면 그 신하를 보고, 그
사람을 알려고 한다면 먼저 그 친구를 보고, 그 아비를 알려고 한다면 먼
저 그 자식을 보라. 임금이 거룩하면 그 신하가 충성스럽고, 아비가 인자
하면 아들이 효성스럽다." 고 하였다.

충신 밑에 충신 나고, 효자 밑에 효자 난다고 하였다. 그 사람을 알고
싶으면 그와 가장 가까운 사람을 보면 알 수 있다.

(참고) 왕량(王良) : 춘추시대 진(晉)나라 때 사람으로 문장가이다.

家語에 云

水至淸則無魚하고 人至察則無徒니라

(가어 운 수지청즉무어 인지찰즉무도)

(한자풀이) 語(말씀 어) 至(지극할 지, 이를 지) 察(살필 찰)
徒(무리 도)

(숙어풀이) 至淸 : 지극히 맑다
則 : ~하면, 곧
無徒 : 친구가 없다

(해설) <가어>에 이르기를, "물이 지극히 맑으면 고기가 없고, 사람이
지극히 살피면 친구가 없다."고 하였다.

물이 너무 맑으면 고기가 살 수 없듯이, 사람도 마찬가지로 너무 까다
로워 다른 사람의 결점을 들춰내거나, 매사에 손해를 보지 않으려고 따지
려 든다면 사람들이 따르지 않는 법이다.

(참고) 공자가어(孔子家語) : 공자가 남긴 언행과 제자들과의 문답 등을 기록한
책이다. 현재 전하는 것은 위(魏)나라의 왕숙(王肅)이 <맹자(孟子)>, <순자(荀
子)>, <대대례(大戴禮)>, <예기(禮記)>, <사기(史記)> 등에서 공자에 관한
기록을 모아 수록한 위서(僞書)로 모두 10권이고 44편으로 되어 있다.

許敬宗이 曰 春雨如膏나 行人은 惡其泥濘하고 秋月揚輝나 盜者는 憎其照鑑이니라

(허경종 왈 춘우여고 행인 오기니녕 추월양휘 도자 증기조감)

(한자풀이) 許(성씨 허)　　敬(공경할 경)　　膏(기름 고, 살찔 고)
　　　　　泥(진흙 니)　　濘(진창 녕)　　揚(오를 양)
　　　　　輝(빛날 휘)　　盜(훔칠 도)　　照(비출 조)　　鑑(거울 감)

(숙어풀이) 如膏 : 기름과 같다(즉 봄비가 그만큼 귀하다는 뜻이다)
　　　　　泥濘 : 진창
　　　　　光輝 : 환하게 빛나다
　　　　　照鑑 : 환하게 비추다

(해설) 허경종이 말하기를, "봄비는 땅을 비옥하게 하지만 길가는 사람은 그 진창을 매우 싫어하고, 가을의 달빛은 환하게 밝으나 도둑은 그 밝게 비치는 것을 싫어한다."고 하였다.

　이는 인간의 이기심을 꼬집어 비유한 말이다. 봄비가 땅을 기름지게 하여 곡식을 살찌우는데도, 지나가는 사람은 그저 그 질척거림을 싫어하고, 가을의 달빛이 휘영청 밝아 아름답지만, 도둑에게는 그 빛이 원망스러울 뿐이다.

(참고) 허경종(許敬宗) : 중국 당(唐)나라 때의 정치가로 자는 연족(延族)이다.

景行錄에　云　大丈夫이　見善明故로　重名節

於泰山하고　用心精故로　輕死生於鴻毛니라

(경행록 운 대장부 견선명고 중명절어태산 용심정고 경사생어홍모)

(한자풀이) 重(무거울 중)　節(절개 절, 마디 절)　泰(클 태)

精(깨끗할 정)　輕(가벼울 경)　鴻(큰 기러기 홍)

(숙어풀이) 名節 : 명예와 절개

於 : ~보다

鴻毛 : 기러기의 털이란 뜻으로 매우 가벼운 것을 비유하는 말.

(해설)　<경행록>에 이르기를, "대장부는 착한 것을 보는 것이 밝음으로 명예와 절개를 태산보다 중하게 여기고, 마음 쓰기가 결백하므로 죽고 사는 것을 기러기 털보다 가볍게 여긴다." 고 하였다.

　맹자(孟子)는 대장부를 '언제나 옳은 일을 추구하며 부귀공명 등 어떤 유혹이나 위협에도 굴하지 않는 참된 용기를 지닌 사람' 이라고 하였다. 그러므로 대장부는 명분과 절개를 무엇보다도 중요하게 여기고 선과 정의를 위해서는 목숨도 아끼지 않는 것이다.

悶人之凶하고 樂人之善하며

濟人之急하고 求人之危니라

(민인지흉 낙인지선 제인지급 구인지위)

(한자풀이) 悶(민망할 민)   凶(흉할 흉)   濟(구제할 제, 건질 제)
急(급할 급)   危(위태할 위)

(숙어풀이) 濟 : 빈곤이나 어려움에서 도와주다

(해설) 남의 흉한 것을 민망하게 여기고, 남의 착한 것을 즐겁게 여기며,
남의 급한 것을 도와주고, 남의 위태함을 구해야 한다.

다른 사람의 불행을 보면 같이 걱정해 주고, 다른 사람이 잘 되는 것을
보면 같이 기뻐해 주고, 다른 사람이 어려운 처지에 놓여 있을 때 기꺼이
도와주고, 다른 사람이 위험한 일을 당하면 구제해 주어야 비로소 이것이
인간의 도리인 것이다. 인간은 서로 더불어 사는 존재이다. 자신만이 독불
장군인 것처럼 살 수는 없는 것이다. 자신이 먼저 다른 사람들을 돕는다
면 언젠가는 자신도 누군가의 도움을 받을 때가 있을 것이다.

經目之事도 恐未皆眞이어늘 背後之言을 豈
足深信이리오

(경목지사 공미개진 배후지언 기족심신)

한자풀이) 經(지날 경) 恐(두려울 공) 背(등 배) 深(깊을 심)

숙어풀이) 經目 : 눈으로 직접 보다
　　　　恐未 : ~ 아닐까 두렵다
　　　　背後之言 : 등 뒤에서 하는 말
　　　　豈 : 어찌 ~하리오
　　　　深信 : 깊은 믿음

해설) 지금까지 눈으로 직접 본 것도 다 옳은 일이 아닐까 두렵거늘, 등
뒤에서 하는 말을 어찌 족히 깊이 믿겠는가.

　자신이 직접 눈으로 보고 경험한 일도 사실인지 아닌지 알 수 없는데,
하물며 뒤에서 수군대는 뜬소문을 어떻게 다 믿을 수 있겠는가 말이다.
아직 확실하지도 않은 일을 다른 사람의 말만 듣고 믿는 어리석은 사람이
되지 말고, 말과 행동에 있어 신중을 기해야 한다는 뜻이다.

不恨自家汲繩短하고 只恨他家苦井深이로다

(불한자가급승단 지한타가고정심)

한자풀이 恨(한탄할 한) 汲(물길을 급) 繩(줄 승) 短(짧을 단)
　　　　苦(괴로울 고) 井(우물 정)

숙어풀이 汲繩 : 두레박줄
　　　　只 : 다만

해설 자기 집 두레박줄이 짧은 것은 원망하지 않고 다만 남의 집 우물 너무 깊은 것만 원망한다.

　자신이 곤경에 처하게 되면 자신의 잘못은 생각하지도 않고, 다른 사람만 원망하는 어리석음을 경계하는 글이다. 이렇듯 사람들은 흔히 다른 사람의 허물은 쉽게 발견하고 이를 과장되게 표현하면서도 자신의 허물은 덮어두는 경향이 있다. '남의 흉 한 가지면 제 흉은 열 가지다.'라는 말도 있듯이 다른 사람만 탓할 것이 아니라, 자신이 잘못을 먼저 반성하고 이를 고쳐나가는 자세가 필요하다.

贓濫이 滿天下하되 罪拘薄福人이니라

(장람 만천하 죄구박복인)

한자풀이 贓(뇌물 받을 장)　　　濫(훔칠 람, 넘칠 람)
　　　　 拘(걸릴 구, 잡을 구)　　薄(박할 박, 엷을 박)

숙어풀이 贓濫 : 장물, 뇌물을 받고 부정을 저지르다
　　　　 罪拘 : 죄로 걸리다
　　　　 薄福人 : 복이 없는 사람

해설 부정을 저지르고 도둑질하는 사람이 온 세상에 가득한데도, 죄에 걸리는 사람은 복 없는 사람이 걸린다.

　'큰 고기는 다 빠져나가고 송사리만 걸린다.' 라는 말처럼 큰 부정을 저지른 사람은 다 빠져나가고 운이 나빠 작은 부정을 저지른 사람만이 법망에 걸려든다는 말이다. 하지만 부정을 저지르는 일에 크고 작음이 어디 있겠는가. 자신의 이익을 위해서 조금이라도 부정한 행위를 저질러서는 안 될 것이다.

天若改常이면　不風卽雨요

人若改常이면　不病卽死니라

(천약개상 불풍즉우 인약개상 불병즉사)

若(만약 약)　改(고칠 개)　卽(곧 즉)　病(병 병)

改常 : 정도(正道)에서 벗어나다, 상도(常道)를 어기다

하늘이 만약 정도에서 벗어나면 바람이 불거나 아니면 비가 올 것이고, 사람이 만약 정도에서 벗어나면 병이 들거나 아니면 죽게 될 것이다.

　하늘이 만약 일정한 법칙을 잃게 되면 날씨가 고르지 못하여 갑자기 바람이 불거나 비가 와서 큰 피해를 입게 되듯이, 사람이 만약 도리를 어겨 정도를 걷지 않는다면 반드시 병이 들거나 죽게 된다는 뜻이다.

壯元詩에 云 國正天心順이오 官淸民自安이라

妻賢夫禍少요 子孝父心寬이니라

(장원시 운 국정천심순 관청민자안 처현부화소 자효부심관)

(한자풀이) 壯(씩씩할 장) 順(순할 순) 妻(아내 처) 寬(너그러울 관)

(숙어풀이) 壯元詩 : 오언절구의 형태로 지어진 시로 과거시험에 장원으로
　　　　　　　 뽑힌 사람의 시
　　　官淸 : 관청이 맑다, 즉 관리들이 청렴결백하다
　　　心寬 : 마음이 너그럽다

(해설) <장원시>에 이르기를, "나라가 바르면 하늘도 순하고, 관리들이
청렴결백하면 온 백성이 저절로 편안하다. 아내가 어질면 남편의 화가 적
을 것이고, 자식이 효도하면 아버지의 마음이 너그럽다." 고 하였다.

　예부터 '민심은 곧 천심' 이라고 하였다. 정치를 잘해 나라가 바로 서면
하늘도 도와 풍년이 들 것이고, 관리들이 청렴하면 백성들이 편안하게 잘
살게 될 것이다. 아내가 현명하여 낭비하지 않고 검소한 생활을 한다면
남편의 걱정거리가 줄 것이고, 자식이 효도하면 부모로서 그것만큼 좋은
일이 어디 있겠는가. 부모의 마음이 너그러워지는 것은 당연하다.

子 曰 木從繩則直하고 人受諫則聖이니라

(자 왈 목종승즉직 인수간즉성)

(한자풀이) 從(좇을 종)　　繩(줄 승)　　直(곧을 직)　　受(받을 수)
　　　　　諫(간할 간)　　聖(성스러울 성)

(숙어풀이) 繩 : 먹줄(먹통에 딸려 줄을 치는데 쓰이는 줄). 승묵(繩墨)
　　　　　受諫 : 충고를 받아들이다

(해설) 공자가 말하기를, "나무는 먹줄을 따라 깍으면 곧아지고, 사람은
충고를 받아들이면 성스러워진다" 고 하였다.

　다른 사람이 충고하는 것을 넓은 마음으로 받아들여, 자신의 잘못된 점
을 반성하고 이를 고쳐나가는 자세가 중요함을 말하고 있다.

一派靑山景色幽^{한데} 前人田土後人收^라

後人收得莫歡喜^{하라} 更有收人在後頭^{니라}

(일파청산경색유 전인전토후인수 후인수득막환희 갱유수인재후두)

(한자풀이) 派(물갈래 파)　幽(그윽할 유)　收(거둘 수)　得(얻을 득)

　　　　歡(기뻐할 환)　喜(기쁠 희)　更(다시 갱)　頭(머리 두)

(숙어풀이) 一派 : 한 줄기

　　　　景色幽 : 경치가 아름답고 그윽하다

　　　　歡喜 : 즐거워 기뻐하다

　　　　後頭 : 바로 뒤(앞으로 올 장래), 뒤쪽

(해설) 한 줄기 푸른 산은 경치가 그윽한데, 앞 사람의 논밭에서 뒤에 사람이 거두었네. 뒤에 있는 사람은 이득을 얻었다고 기뻐하지 말라. 다시 거두어 가질 사람은 뒤쪽에 있다.

저 푸른 산은 그저 푸르고 그윽할 뿐인데 어리석은 인간만이 지금의 부와 명예에 집착하여 탐욕을 부리고 있음을 경계한 글이다. 비록 지금의 재산이 자신의 것일지는 몰라도 언젠가는 다른 사람에게 돌아갈 수 있으니 물질적인 가치에 너무 집착하지 말라는 것이다.

蘇東坡 曰 無故而得千金이면 不有大福이라

必有大禍이니라

(소동파 왈 무고이득천금 불유대복 필유대화)

(한자풀이) 蘇(소생할 소)　坡(고개 파)　故(연고 고)

(숙어풀이) 無故 : 아무 까닭 없이

(해설) 소동파가 말하기를, "아무 까닭 없이 천금을 얻는다면 큰 복이 있
는 것이 아니라, 반드시 큰 재앙이 있다." 고 하였다.

　세상에 공짜는 없는 것이다. 또한 공짜가 가장 비싼 것이다. 자신이 노
력한 대가로 얻은 재물이라면 낭비하지 않고 오래 갈 수 있으나 갑자기
횡재하거나 부정을 저질러 얻은 재물이라면 쉽게 사라질 뿐만 아니라 불
행의 시작인 것이다.

(참고)　소동파(蘇東坡) : 이름은 식(軾), 자는 자첨(子瞻), 시호는 문충(文忠)
이고 동파는 그의 호이다. 중국 북송 때 사람으로 유명한 문장가이며 당송팔대가
(唐宋八大家)의 한 사람이다. 그는 폭넓은 재능을 발휘하여 시문서화(詩文書畵)
등에 훌륭한 작품을 남겼다. 그의 대표작으로 <적벽부(赤壁賦)>가 있다.

邵康節先生이 曰 有人이 來問卜하되 如何是
禍福고 我虧人是禍이요 人虧我是福이니라

(소강절선생 왈 유인래문복 여하시화복 아휴인시화 인휴아시복)

(한자풀이) 問(물을 문)　卜(점 복)　虧(헐뜯을 휴, 이지러질 휴)

(숙어풀이) 有人 : 어떤 사람
　　　　　問卜 : 점쟁이에게 점을 치게 하여 길흉을 물음.

(해설) 소강절선생이 말하기를, "어떤 사람이 나에게 점을 묻되, 어떤 것
이 화이고 어떤 것이 복인가 하기에, 내가 남에게 해를 끼치면 이것이 화
요, 남이 나에게 해를 끼치면 이것이 복이다." 고 하였다.

　화와 복이 따로 있는 것이 아니다. 남에게 해를 입은 사람은 차라리 마
음이 편하여 두려움이 없으니 복이고, 해를 입힌 사람은 보복을 당하지
않을까 하는 두려움 때문에 마음이 괴로우니 이것이 바로 화이다.

大廈千間이라도 夜臥八尺이요

良田萬頃이라도 日食二升이니라

(대하천간 야와팔척 양전만경 일식이승)

(한자풀이) 廈(큰 집 하) 臥(누울 와) 頃(밭 넓이 단위 경)
　　　　 升(되 승)

(숙어풀이) 大廈 : 큰 집
　　　　 夜臥 : 밤에 눕다. 밤에 잠자리에 들다
　　　　 萬頃 : 만 이랑이나 되는 넓은 밭. 매우 넓은 면적
　　　　 日食二升 : 하루에 먹는 양은 두 되

(해설) 큰 집이 천 칸이라도 밤에 누울 자리는 여덟 자뿐이요, 좋은 밭이 만 경이 있더라도 하루에 먹는 것은 두 되뿐이다.

'아흔아홉 섬 가진 사람이 한 섬 가진 사람의 것을 마저 빼앗으려고 한다.' 는 우리 속담이 있다. 재물이 많은 사람일수록 더 많은 재물을 탐한다는 뜻이다. 하지만 아무리 많은 재물이 있어도 여덟 자뿐인 잠자리와 하루 두 되의 곡식만이 필요할 뿐이다. 정도를 벗어난 욕심은 자신만을 해칠 뿐이니 어리석은 욕심을 삼가야 할 것이다.

久住令人賤이요 頻來親也疎라

但看三五日에 相見不如初라

(구주령인천 빈래친야소 단간삼오일 상견불여초)

한자풀이 久(오랠 구) 住(머물 주) 賤(천할 천) 頻(자주 빈)

　　　　久(다만 단) 看(볼 간) 初(처음 초)

숙어풀이 久住 : 오래 머물다

　　　　令人賤 : 천하게 여기다

　　　　頻來 : 자주 오다

　　　　但 : 단지

　　　　不如初 : 처음과 같지 않다

해설　오래 머물러 있으면 착하고 어진 사람도 천히 여겨지고, 자주 찾아오면 친한 사이도 멀어진다. 단지 사흘이나 닷새만 보아도 서로 보는 것이 처음과 같지 않다.

　아무리 가까운 사이라도 오래 머물거나 자주 찾아가는 것은 예의에 어긋나는 일이다. 서로 친한 정을 나누는 데에도 절제할 줄 아는 지혜가 필요하다.

渴時一滴은 如甘露요 醉後添盃는 不如無니라

(갈시일적 여감로 취후첨배 불여무)

한자풀이 渴(목마를 갈) 滴(물방울 적) 甘(달 감) 露(이슬 로)
  醉(취할 취) 添(더할 첨) 盃(잔 배)

숙어풀이 渴時一滴 : 목마를 때 한 방울의 물

  甘露 : 단 이슬

  　* 감로수(甘露水) : 정갈하고 맛이 좋은 물

  添盃 : 이미 있는 술잔에 술을 더 따르다. 첨잔(添盞)

  不如 : ~하는 것만 못하다

해설 목마를 때 한 방울의 물은 단 이슬과 같고, 취한 후에 한잔을 더 하는 것은 안 먹는 것만 못하다.

　이미 취한 뒤에 또 술을 마시는 것은 어리석기 짝이 없는 행동이다. 이는 곧 실수로 이어지고 그 실수로 인하여 자신이 해를 입을 수도 있기 때문이다. 무슨 일이든지 절제가 필요한 것이다.

酒不醉人人自醉요 色不迷人人自迷니라

(주불취인인자취 색불미인인자미)

한자풀이 酒(술 주)   醉(취할 취)   色(여색 색, 빛 색)

　　　　迷(미혹할 미, 희미할 미)

숙어풀이 人自醉 : 사람이 스스로가 취하다

　　　　人自迷 : 사람이 스스로 미혹되다

　　　　＊ 迷惑 : 마음이 흐려져 무엇에 홀리다

해설 술이 사람을 취하게 하는 것이 아니라, 사람이 스스로 취하는 것
이요, 여색이 사람을 미혹시키는 것이 아니라, 사람이 스스로 미혹되는 것
이다.

　이는 세상의 무슨 일이든 자신이 마음먹기에 달려 있으니, 자신의 행동
이나 감정을 스스로 자제할 줄 알아야 함을 강조하고 있다.

公心이 若比私心이면 何事不辨이며 道念이 若同情念이면 成佛多時니라

(공심 약비사심 하사불변 도념 약동정념 성불다시)

한자풀이 公(공변될 공)　　比(견줄 비)　　私(사사로울 사)
辨(분별할 변)　　情(뜻 정)　　佛(부처 불)

숙어풀이 公心 : 공평한 마음. 여러 사람을 위하는 마음
若比 : 만약 ~와 같다면
何事不辨 : 무슨 일이든지 시비를 가리지 못할 것이 없다
成佛 : 부처가 되다
多時 : 많은 시간. 오랜 시일

해설 공을 위하는 마음이 개인을 위하는 마음과 같다면, 무슨 일이든지 시비를 가리지 못할 것이 없으며, 도를 향하는 마음이 남녀의 정을 생각하는 마음과 같다면 부처가 된 지 오래일 것이다.

　여러 사람을 위하려는 마음이 만일 자신을 위하는 마음과 같다면, 무슨 일에서나 옳고 그름을 판단하여 처리하지 못할 것이 없고, 인간으로서 마땅히 지켜야 할 도리를 행함에 있어 만일 남녀간의 애정을 생각하는 마음처럼 한다면, 이미 오래전에 깨달음을 얻었을 것이라는 뜻이다. 이처럼 사람은 개인의 욕심보다는 여러 사람들의 이익을 먼저 생각하고, 도리에 맞는 생활을 하여야 할 것이다.

濂溪先生 曰 巧者言하고 拙者黙하며 巧子勞하고 拙者逸하며 巧者賊하고 拙者德하며 巧者凶하고 拙者吉하나니 嗚呼라 天下拙이면 刑政이 徹하여 上安下順하며 風淸弊絶이니라

(염계선생 왈 교자언 졸자묵 교자로 졸자일 교자적 졸자덕 교자흉 졸자길 오호 천하졸 형정 철 상안하순 풍청폐절)

한자풀이) 濂(물이름 렴)　溪(시내 계)　巧(공교할 교)　拙(졸할 졸)
黙(잠잠할 묵)　勞(일할 로)　逸(편안할 일)　賊(해칠 적)
嗚(슬플 오)　呼(부를 호)　徹(거둘 철)　　弊(폐단 폐)

숙어풀이) 巧者 : 재치가 있고 꾀가 많은 사람. 잔꾀를 부리는 사람
拙者 : 못나고 어리석은 사람. 우직한 사람
刑政 : 형벌과 정치
弊絶 : 폐단을 없애다. 나라가 잘 다스려짐을 비유한 말

해설) 염계선생이 말하기를, "잔꾀가 있는 사람은 말을 잘하고, 어리석은 사람은 말이 없으며, 잔꾀가 있는 사람은 수고로우나, 어리석은 사람은 한가하다. 잔꾀가 있는 사람은 사납고 모질지만, 어리석은 사람은 덕이 있으며, 잔꾀가 있는 사람은 흉하고, 어리석은 사람은 길하다. 아! 온 세상이 어리석으면 형벌의 정치가 없어져 윗사람이 잘 다스리니 아랫사람은 순종하므로, 풍속은 맑아지고 나쁜 폐단은 없어진다." 고 하였다.

간사하고 잔꾀가 많은 사람은 말을 잘하고 욕심이 많아 바둥거리며 애를 쓰고, 심성이 사납고 모질고 또한 흉하다. 반대로 순박하고 겸손한 사람은 말이 없고, 욕심이 없으니 유유자적 편안하고 심성이 곱고 또한 길하다. 이처럼 세상에 간사하고 잔꾀가 많은 사람은 사라지고 순박하고 겸손한 사람이 많아진다면 형벌이 무슨 필요가 있겠는가. 정치를 하는 사람들은 편해지고 백성들은 순종하게 되니, 풍속이 밝아지고 나쁜 풍습은 사라지게 된다는 뜻이다.

참고　염계선생(濂溪先生) : 중국 송(宋)나라의 유학자로 이름은 돈이(敦頤), 호는 염계(濂溪), 자는 무숙(茂叔)이다. 사마광(司馬光), 왕안석(王安石)과 같은 시대의 인물로, 맹자(孟子) 이래의 절학(絶學)을 전한 사람이라고 하여 사상계에서 존경을 받게 된다. 그는 인간만이 가장 우수한 존재이기 때문에, 중정(中正) 인의(仁義)의 도를 지키고 마음을 성실하게 하여 성인(聖人)이 되어야 한다는 도덕과 윤리를 강조하고, 우주생성의 원리와 인간의 도덕원리는 본래 하나라는 이론을 제시하였다. 저서에는 도교의 태극도와 유가의 역설을 혼합하여 지은 <태극도설(太極圖說)>과 <통서(通書)> 등이 있는데, 후에 편찬된 <주자전서(周子全書)>에 수록되었다.

易에 曰 德微而位尊하고 智小而謀大면 無禍
者鮮矣니라

(역 왈 덕미이위존 지소이모대 무화자선의)

(한자풀이) 易(바꿀 역)   微(작을 미)   尊(높을 존)   謀(꾀할 모)
鮮(드물 선, 고울 선)

(숙어풀이) 德微 : 덕이 적다(미약하다, 보잘 것 없다)
位尊 : 지위가 높다
智小 : 지혜가 작다
謀大 : 큰일을 도모하다
鮮矣 : 드물다, 거의 없다

(해설) <주역>에 이르기를, "덕이 없으면서 지위가 높으며, 지혜가 작으
면서 꾀하는 것이 크다면 화가 없는 자가 드물 것이다." 고 하였다.

  분수에 맞지 않는 욕심이나 행동은 화를 불러올 뿐이다. 자신의 분수에
맞게 처신하는 것이 자신을 보호하는 길이다.

(참고) 주역(周易) : 유학의 경전 중의 하나인 역경(易經)으로 주나라 때 대성
(大成)되어 '주역'이라고 한다. 음양(陰陽)의 원리로 천지 만물의 변화하는 현상
을 해석하고 인간의 길흉화복을 기록한 책이다. 주역은 8괘(八卦)와 64괘, 그리고
괘사(卦辭), 효사(爻辭), 십익(十翼)으로 되어 있는데 주나라 문왕(文王)이 괘
사를 만들고 효사는 그의 아들 주공(周公)이, 십익은 공자(孔子)가 만들었다고
한다.

說苑에 曰 官怠於宦成하고 病加於小愈하며

禍生於懈惰하고 孝衰於妻子니 察此四者하여

愼終如始니라

(설원 왈 관태어환성 병가어소유 화생어해타 효쇠어처자 찰차사자 신종여시)

(한자풀이) 苑(나라동산 원)   怠(게으를 태)   宦(벼슬 환)   愈(나을 유)
　　　　　 懈(게으를 해)   惰(게으를 타)   衰(쇠할 쇠)   愼(삼갈 신)

(숙어풀이) 於 : ~에서
　　　　　 宦成 : 벼슬(지위)이 높아지다
　　　　　 懈惰 : 몹시 게으르다
　　　　　 如始 : 처음과 같다

(해설) <설원>에 말하기를, "관리는 지위가 높아지는 데서 게을러지고, 병은 조금 낫는 데서 더 심해지며, 재앙은 지나치게 게으른 데서 생기고, 효도는 처자를 얻는 데서 흐려진다. 이 네 가지를 살펴서 나중을 삼가기를 처음과 같이 해야 한다." 고 하였다.

(참고) 설원(說苑) : 중국 전한 때 유향(劉向)이 유명한 사람들의 일화를 모아 편찬한 책으로 군도(君道), 신술(臣述), 권모(權謀) 등 20편 20권이다.

器滿則溢하고 人滿則喪이니라

(기만즉일 인만즉상)

(한자풀이) 器(그릇 기)　溢(넘칠 일)　喪(잃어버릴 상, 죽을 상)

(숙어풀이) 器滿 : 그릇에 가득 차다
　　　　　人滿 : 사람은 가득 차다(자만하다)
　　　　　喪 : 잃다

(해설) 그릇에 가득 차면 넘치고, 사람은 자만하면 잃게 된다.

　그릇도 차면 넘치고, 달도 차면 기우는 법이다. 사람도 자기 분수에 맞지 않게 부나 지위가 높아지면 자만해지기 쉽고, 자만해지면 그 부나 지위를 모두 잃게 마련이다. 노자(老子)도 '만족할 줄 알면 욕됨이 없고 그칠 줄 알면 위태하지 않아 오래 간다.'고 하였다.

尺璧非寶요 寸陰是競이니라

(척벽비보 촌음시경)

(한자풀이) 璧(구슬 벽)   寶(보배 보)   陰(응달 음)   競(겨룰 경)

(숙어풀이) 尺璧 : 한 자나 되는 구슬
　　　　　寸陰 : 한 치의 시간(아주 짧은 시간)
　　　　　是競 : 이를 다투다(귀중히 여기다)

(해설) 한 자나 되는 구슬이라도 보배로 여기지 말고, 한 치의 짧은 시간이라도 다투는 것이 옳다고 여겨라.

　이는 한 자나 되는 구슬보다 한 치의 짧은 시간이 오히려 더 귀중하다는 뜻이다. 시간은 한 번 지나가면 돌이킬 수 없으니 짧은 시간이라도 헛되이 보내지 말고, 부지런히 배우고 열심히 살아가야 한다는 교훈이다.

羊羹이 雖美나 衆口를 難調니라

(양갱 수미 중구 난조)

羹(국 갱)　雖(비록 수)　衆(무리 중)　難(어려울 난)

調(맞을 조, 고를 조)

숙어풀이　羊羹 : 양고기 국

美 : 맛이 좋다

難調 : 맞추기 어렵다

해설　양고기 국이 비록 맛이 좋으나 여러 사람의 입맛을 맞추기는 어렵다.

　아무리 맛이 있는 음식이라도 각기 다른 사람들의 입맛에 맞기란 어려운 일이다. 이처럼 아무리 좋은 일이라도 모든 사람들을 즐겁게 해줄 수 없고 고루 만족시키기 없다는 것이다.

益智書에 云 白玉은 投於泥塗라도 不能汚穢

其色이요 君子는 行於濁地라도 不能染亂其

心하나니 故로 松栢는 可以耐雪霜이오 明智는

可以涉危難이니라

(익지서 운 백옥 투어니도 불능오예기색 군자 행어탁지 불능염란기심
고 송백 가이내설상 명지 가이섭위난)

한자풀이 投(던질 투)　　泥(진흙 니)　　塗(진흙 도)　　穢(더러울 예)

濁(흐릴 탁)　　染(물들 염)　　亂(어지러울 란)

栢(잣나무 백)　耐(견딜 내)　　霜(서리 상)　　涉(건널 섭)

숙어풀이 泥塗 : 진흙

不能 : ~할 수 없다, ~해서는 안된다

汚穢 : 더럽히다

濁地 : 혼탁한 곳

染亂 : 나쁘게 물들이고 어지럽게 하다

松栢 : 소나무와 잣나무('사람의 절개'를 비유하여 이른다)

可以 : ~할 수 있다

雪霜 : 눈과 서리

危難 : 매우 위급하고 어려운 경우

涉 : 건너다(극복하다)

<익지서>에 이르기를, "흰 옥구슬은 진흙 속에 던지더라도 그 빛을 더럽힐 수 없고, 군자는 혼탁한 곳에 갈지라도 그 마음을 어지럽힐 수 없다. 그러므로 소나무와 잣나무는 눈과 서리를 견디어 내고, 밝고 지혜 있는 사람은 위급하고 어려운 것을 능히 극복할 수 있다."고 하였다.

깨끗한 구슬은 아무리 더러운 곳에 던져지더라도 그 빛이 더러워지지 않고, 군자는 아무리 혼탁한 곳에 갈지라도 그 마음이 흐려지지 않는다. 그러므로 사람의 절개는 아무리 어려운 상황이라도 그 뜻을 굽히지 않고, 밝고 지혜로운 사람은 위태롭고 어려운 일을 능히 극복할 수 있다는 뜻이다.

入山擒虎는 易이니와 開口告人은 難이니라

(입산금호 이 개구고인 난)

(한자풀이) 擒(사로잡을 금)   易(쉬울 이)   開(열 개)   告(알릴 고)
難(어려울 난)

(숙어풀이) 擒虎 : 호랑이를 사로잡다
告 : 말하다, 알리다, 일러바치다, 충고하다

(해설) 산에 들어가 호랑이를 잡기는 쉬우나, 입을 열어 남에게 충고하기
는 어렵다.

　산에 들어가 호랑이를 잡기도 어렵지만, 자신의 딱한 사정이나 처지를
다른 사람에게 말하는 것이 더 어렵다는 뜻이다.

遠水는 不救近火요 遠親은 不如近隣이니라

(원수 불구근화 원친 불여근린)

한자풀이 遠(멀 원) 救(구할 구) 親(친할 친) 隣(이웃 린)

숙어풀이 遠親 : 먼 친척
不如 : ~만 같지 못하다
近隣 : 가까운 이웃

해설 먼 곳에 있는 물은 가까운 불을 끄지 못하고, 먼 곳에 있는 일가 친척은 가까운 이웃만 못하다.

'이웃사촌' 이란 말이 있다. 가까이 사는 이웃이 먼 곳에 사는 친척보다 낫다는 뜻으로, 자주 보는 사람이 정도 많이 들고 따라서 도움을 주고받기도 쉽다는 말이다.

太公 曰 日月이 雖明이나 不照覆盆之下하고 刀刃이 雖快나 不斬無罪之人하고 非災橫禍는 不入愼家之門이니라

(태공 왈 일월 수명 부조복분지하 도인 수쾌 불참무죄지인 비재횡화 불입신가지문)

(한자풀이) 覆(뒤집힐 복)　盆(동이 분)　刃(칼날 인)　快(쾌할 쾌)
　　　　　斬(벨 참)　　橫(가로 횡)　愼(삼갈 신)

(숙어풀이) 覆盆 : 엎어놓은 동이(물 긷는 데 쓰이는 항아리)
　　　　　刀刃 : 칼날('칼'을 통틀어 이르는 말이다)
　　　　　快 : 날카롭다
　　　　　非災橫禍 : 뜻밖의 재앙과 화

(해설) 태공이 말하기를, "해와 달이 비록 밝으나 엎어 놓은 물동이의 밑은 비추지 못하고, 칼날이 비록 날카로우나 죄 없는 사람은 베지 못하고, 뜻밖의 재앙과 화는 조심하는 집 문에는 들어가지 못한다." 고 하였다.

아무리 밝은 해와 달이라도 엎어 놓은 단지의 밑은 비추지 못하고, 형법이 아무리 엄격해도 죄 없는 사람은 다스리지 못하듯이, 항상 말과 행동을 반듯하게 하고 조심한다면 뜻밖에 찾아오는 불행도 피할 수 있다는 뜻이다.

太公 曰 良田萬頃이 不如薄藝隨身이니라

(태공 왈 양전만경 불여박예수신)

(한자풀이) 頃(밭 넓이 단위 경) 薄(엷을 박) 藝(재주 예)
　　　　隨(따를 수)

(숙어풀이) 良田萬頃 : 좋은 밭 만 경(큰 재산)
　　　　薄藝 : 보잘것없는 재주
　　　　隨身 : 몸에 지니다(몸에 익히다)

(해설) 태공이 말하기를, "좋은 밭 만 경이 보잘것없는 재주를 몸에 지니
는 것만 못하다." 고 하였다.

　돈이나 재물 같이 물질적인 것은 있다가도 없고 없다가도 생기는 것이
다. 그러나 한 번 배워서 익혀 몸에 지닌 지식이나 기술은 오랫동안 유용
하게 쓸 수 있다. 더욱이 사회가 복잡해지고 생존 경쟁이 치열한 사회일
수록 자신만의 기술을 익혀둔다면 중요하게 쓰일 때가 있을 것이다.

性理書에 云 接物之要는 己所不欲을 勿施
於人하고 行有不得이어든 反求諸己니라

(성리서 운 접물지요 기소불욕 물시어인 행유부득 반구제기)

(한자풀이) 接(접할 접) 物(만물 물) 要(중요할 요) 施(베풀 시)
諸(모든 제)

(숙어풀이) 接物之要 : 사람을 사귀면서(사물을 깨닫는 데) 중요한 것
己所不欲 : 자기가 하고 싶지 않은 것
勿施於人 : 남에게 베풀지(시키지) 말 것
不得 : 얻지 못하는 것

(해설) <성리서>에 이르기를, "사람을 사귀면서 중요한 것은 자기가 하고 싶지 않은 것을 남에게 시키지 말고, 행하여 얻지 못하는 것이 있으면 돌이켜 자신에게서 그 원인을 찾아야 한다." 고 하였다.

어떤 일을 추진하는 데 있어서 자신이 하고 싶지 않은 일은 다른 사람도 하고 싶지 않을 것이니 이를 다른 사람에게 미루지 말고, 만약 그 일이 잘못된다 하여도 다른 사람을 탓할 것이 아니라 자신이 무엇을 잘못했는지 돌이켜보고 반성하라는 뜻이다. 공자가 말하기를, '군자는 모든 잘못을 자신한테서 찾고, 소인은 다른 사람한테서 찾는다(君子求諸己 小人求諸人).'고 하였다.

酒色財氣四堵墻에 多少賢愚在內廂이라

若有世人跳得出이면 便是神仙不死方이니라

(주색재기사도장 다소현우재내상 약유세인도득출 변시신선불사방)

한자풀이) 堵(담 도) 墻(=牆 담 장) 廂(행랑 상) 跳(뛸 도)

숙어풀이) 堵墻 : 담장, 울타리

廂 : 행랑, 사랑채

便是 : 이것이 바로, 곧 이것이

해설) 술과 색과 재물과 기운의 네 가지로 쌓은 담장 안에 수많은 어진 사람과 어리석은 사람이 행랑에 앉아 있다. 만약 누군가 그곳을 뛰쳐나올 수 있다면 이것이 바로 신선이 되어 죽지 않는 방법이다.

많은 사람이 酒, 色, 財, 氣의 네 가지에 얽매어 헤어나지 못하고 있다. 이 네 가지의 그물 속을 용감하게 뛰쳐나올 수 있다면 인간으로서 재생의 길을 걸을 수 있다는 뜻이다.

입교편
立教篇

이 편은 사람으로서 지켜야 할 기본 도리와 개인과 가정,
사회생활에 있어 올바른 가르침을 세워야 함을 가르치고 있다

子 曰 立身有義而孝爲本이요 喪祀有禮而哀爲本이요 戰陣有列而勇爲本이요 治政有理而農爲本이요 居國有道而嗣爲本이요 生財有時而力爲本이니라.

(자왈 입신유의이효위본 상사유례이애위본 전진유열이용위본 치정유리이농위본 거국유도이사위본 생재유시이력위본)

立(설 립) 義(옳을 의) 喪(죽을 상) 祀(제사 사)
　　　　　　哀(슬플 애) 戰(싸울 전) 陣(진칠 진) 嗣(이을 사)

立身 : 사회적으로 기반을 닦고 출세하다
　　　　喪祀 : 상례(喪禮 : 장례를 치르는 모든 예절)와 제사
　　　　戰陣 : 전쟁터에서 진을 치다
　　　　治政 : 나라를 다스리다
　　　　居國 : 나라를 지키다
　　　　嗣 : 자손에게 대를 잇게 하다
　　　　生財 : 재물(재능)을 늘리다

(해설) 공자가 말하기를, "몸을 세우는 데는 의로움이 있으니 효도가 그 근본이요, 장사와 제사에는 예절이 있으니 슬퍼함이 그 근본이요, 전쟁터에는 질서가 있으니 용맹이 그 근본이 된다. 나라를 다스리는 데는 이치가 있으니 농사가 그 근본이 되고, 나라를 지키는 데는 도리가 있으니 계승이 그 근본이 되며, 재능을 늘리는 데에는 시기가 있으니 노력이 그 근

본이 된다."고 하였다.

　자신이 사회적으로 인정을 받고 출세하는 데 필요한 것은 돈도 명예도 아닌 바로 효(孝)이다. 효는 모든 행실의 근본이요, 덕행의 근본이기 때문이다. 상례(喪禮)에 있어서 예(禮)는 그 형식이나 격식이 중요한 것이 아니라 진정한 마음에서 우러나오는 슬픔이고, 전쟁에서 가장 중요한 것은 많은 군인과 무기가 아니라 다름 아닌 용기가 필요한 것이다. 나라가 잘 발전하려면 농사, 즉 생산이 그 근본이 되어야 하고, 나라를 잘 지키고 보전하려면 올바른 계승이 이루어져야 하며, 많은 재산을 늘리는 데에는 요행이나 횡재가 아닌 많은 노력이 필요하다는 뜻이다.

景行錄_에 云 爲政之要_는 曰 公與淸_{이요} 成

家之道_는 曰 儉與勤_{이라}

(경행록 운 위정지요 왈 공여청 성가지도 왈 검여근)

(한자풀이) 與(더불어 여)   儉(검소할 검)   勤(부지런할 근)

(숙어풀이) 爲政 : 정치를 하다
　　　　　 要 : 중요한 것
　　　　　 成家 : 집안을 이루다

(해설) <경행록>에 이르기를, "정사를 다스리는 데 중요한 것은 공평하고 사사로운 욕심이 없이 깨끗이 하는 것이요, 집안을 이루는 길은 검소하고 부지런한 것이다." 고 하였다.

　중국 노(魯)나라의 계강자(季康子)가 공자에게 정치에 대해서 묻자 공자는 '정치는 정의이다(政者正也).'라고 대답했다. 즉 정치는 정도(正道)를 따라 실천한다는 말이다. 자신의 사사로운 욕심으로 부정을 저지른다면 크게는 나라를 망치고 작게는 자신의 몸을 망치는 것이다. 또 검소한 생활과 근면함은 집안을 일으키는 길이지만 사치와 나태는 집안을 망치는 길이다.

讀書는 起家之本이요 循理는 保家之本이요

勤儉은 治家之本이요 和順은 齊家之本이니라

(독서 기가지본 순리 보가지본 근검 치가지본 화순 제가지본)

(한자풀이) 讀(읽을 독)　　起(일어날 기)　　循(따를 순)　　順(순할 순)

　　　　　齊(다스릴 제, 가지런할 제)

(숙어풀이) 起家 : 집안을 일으키다

　　　　　循理 : 이치를 따르다

　　　　　勤儉 : 부지런하고 검소하다

　　　　　治家 : 집안을 다스리다

　　　　　齊家 : 집안을 잘 다스려 바로 잡다

(해설) 글을 읽는 것은 집을 일으키는 근본이요, 이치에 따르는 것은 집을 잘 지키는 근본이요, 부지런하고 검소한 것은 집안을 잘 다스리는 근본이요, 화목하고 온순함은 집안을 평온하게 하는 근본이다.

　사람이 배움으로써 모든 사물의 옳고 그름을 알게 되니 사람으로서 지켜야 할 마땅한 도리나 이치를 잘 따르게 되고, 또한 부지런하고 검소한 생활과 부모에게 효도하고 순종하여 화목하니 자연 가정이 화목하고 잘 살게 되는 것이다.

孔子三計圖에 云 一生之計는 在於幼하고 一年之計는 在於春하고 一日之計는 在於寅이니 幼而不學이면 老無所知요 春若不耕이면 秋無所望이요 寅若不起면 日無所辦이니라

(공자삼계도 운 일생지계 재어유 일년지계 재어춘 일일지계 재어인
유이불학 노무소지 춘약불경 추무소망 인약불기 일무소판)

한자풀이 計(계획 계) 圖(도모할 도) 幼(어릴 유) 寅(인시 인)
耕(밭갈 경) 望(바랄 망, 원망할 망) 辦(힘쓸 판)

숙어풀이 三計圖 : 일생, 일 년, 일일의 세 가지 계획도
寅 : 인시(寅時) 새벽 3시부터 5시

해설 공자가 삼계도에 이르기를, "일생의 계획은 어릴 때에 있고, 일 년의 계획은 봄에 있고, 하루의 계획은 새벽에 있다. 어려서 배우지 않으면 늙어서 아는 것이 없고, 봄에 밭 갈지 않으면 가을에 거둘 것이 없으며, 새벽에 만일 일어나지 않으면 그 날의 할 일이 없다."고 하였다.

한평생의 계획은 어릴 때 있고, 일 년의 계획은 봄에 있고, 하루의 계획은 새벽에 있다는 말이다. 한 번뿐인 소중한 인생을 계획 없이 헛되이 보내지 말고, 어릴 때 자신의 인생의 계획을 잘 세워 부지런히 노력해야 할 것이다. 무슨 일이든 첫 시작과 계획이 중요함을 강조한 글이다.

性理書에 云 五敎之目은 父子有親하며 君臣
有義하며 夫婦有別하며 長幼有序하며 朋友有
信이니라

(성리서 운 오교지목 부자유친 군신유의 부부유별 장유유서 붕우유
신)

(한자풀이) 敎(가르침 교)　婦(아내 부)　序(차례 서)　朋(벗 붕)

(숙어풀이) 五敎之目 : 다섯 가지 가르침의 조목(항목), 즉 오륜(五倫)

(해설)　<성리서>에 이르기를, "다섯 가지 가르침의 조목은, 아버지와 아
들 사이에는 친함이 있어야 하며, 임금과 신하 사이에는 의리가 있어야
하며, 부부 사이에는 서로 인륜(人倫)의 분별이 있어야 하며, 어른과 어
린이 사이에는 차례와 질서가 있어야 하며, 친구 사이에는 믿음에 있어야
한다." 고 하였다.

(참고)　삼강오륜(三綱五倫) : 유교(儒敎)의 도덕사상에서 기본이 되는 3가지의
강령(綱領)과 5가지의 인륜(人倫)을 말한다. 삼강은 군위신강(君爲臣綱), 부위
자강(父爲子綱), 부위부강(夫爲婦綱)을 말하며 곧 임금과 신하, 어버이와 자식,
남편과 아내 사이에 마땅히 지켜야 할 도리이다. 오륜은 오상(五常) 또는 오전(五
典)이라고도 하는데 부자유친(父子有親), 군신유의(君臣有義), 부부유별(夫婦有
別), 장유유서(長幼有序), 붕우유신(朋友有信)의 5가지를 말한다.

三綱은　君爲臣綱이요　父爲子綱이요　夫爲婦
綱이니라

(삼강 군위신강 부위자강 부위부강)

한자풀이 綱(벼리 강)

숙어풀이 綱 : 벼리(그물을 꿰는 줄).
　　　　　사람이 행해야 할 도덕. 일이나 글의 중심이 되는 줄거리

해설 삼강이란 임금은 신하의 본보기가 되고, 아버지는 자식의 본보기가 되며, 남편은 아내의 본보기가 되는 것이다.

위의 삼강(三綱)은 유교 도덕의 기본이 되는 세 가지 도리이다. 곧, 임금과 신하, 아버지와 자식, 남편과 아내 사이에 지켜야 할 떳떳한 도리를 말한다.

王蠋 曰

忠臣은 不事二君이요 烈女는 不更二夫니라

(왕촉 왈 충신 불사이군 열녀 불경이부)

한자풀이 蠋(벌레 촉) 烈(곧을 열, 세찰 열) 更(고칠 경, 다시 갱)

숙어풀이 烈女 : 절개를 굳게 지키는 여자. 열부(烈婦)
更 : 바꾸다

해설 왕촉이 말하기를, "충신은 두 임금을 섬기지 않고, 열녀는 두 지아비를 섬기지 않는다."고 하였다.

참고 왕촉(王蠋) : 중국 전국시대 제(齊)나라 사람으로, 제나라가 연(燕)나라에 패하게 되자 항복하라는 권고를 받아들이지 않고 위의 말을 한 다음 자살했다.

忠子 曰 治官莫若平이요 臨財莫若廉이니라

(충자 왈 치관막약평 임재막약렴)

(한자풀이) 臨(임할 임)   廉(청렴할 렴)

(숙어풀이) 平 : 공평하다

臨財 : 재물에 임하다, 재물을 대하다

(해설) 충자가 말하기를, "관직을 다스림에는 공평한 것이 제일이고, 재물을 대할 때는 청렴한 것이 제일이다." 고 하였다.

(참고) 충자(忠子) : 충자가 어떤 인물인지 기록에 나온 바가 없다.

張思叔 座右銘에 曰 凡語를 必忠信하며 凡
行을 必篤敬하며 飮食을 必愼節하며 字劃을
必楷正하며 容貌를 必端莊하며 衣冠을 必整
肅하며 步履를 必安詳하며 居處를 必正靜하며
作事를 必謀始하며 出言을 必顧行하며 常德을
必固持하며 然諾을 必重應하며 見善如己出하
며 見惡如己病하라 凡此十四者는 皆我未深
省이라 書此當座右하여 朝夕視爲警하노라

(장사숙 좌우명 왈 범어 필충신 범행 필독경 음식 필신절 자획 필해
정 용모 필단장 의관 필정숙 보리 필안상 거처 필정정 작사 필모시
출언 필고행 상덕 필고지 연낙 필중응 견선여기출 견악여기병 범차십
사자 개아미심성 서차당좌우 조석시위경)

한자풀이 張(베풀 장)　叔(아재비 숙)　銘(새길 명)　篤(돈독할 독)
　　　　愼(삼갈 신)　劃(그을 획)　楷(바를 해)　貌(얼굴 모)
　　　　端(바를 단)　冠(갓 관)　　整(가지런할 정)
　　　　肅(엄숙할 숙)　步(걸음 보)　履(신 리)　詳(자세할 상)
　　　　靜(고요할 정)　顧(돌아볼 고)　持(가질 지)　諾(허락할 락)
　　　　應(응할 응)　此(이 차)　　皆(다 개)　省(살필 성)
　　　　座(자리 좌)　警(경계할 경)

座右銘 : 늘 가까이 적어두고 일상의 경계로 삼는 글

步履 : 걸음걸이

作事 : 일을 하다

謀始 : 계획을 세워 시작하다

顧行 : 실행할 것을 돌아보다

固持 : 굳게 가지다(지키다)

然諾 : 일을 허락하다

重應 : 신중하게 응하다

深省 : 깊이 깨닫다

해설 장사숙의 좌우명에 말하기를, "모든 말은 반드시 성실하고 믿음이 있어야 하며, 모든 행동은 반드시 돈독하고 공경스럽게 하며, 음식은 반드시 삼가고 알맞게 먹어야 하며, 글씨는 반드시 똑똑하고 바르게 써야 하며, 용모는 반드시 단정하고 정중하게 해야 하며, 의관은 반드시 깨끗하고 엄숙하게 하며, 걸음걸이는 반드시 안전하고 점잖게 해야 하며, 거처하는 곳은 반드시 바르고 조용하게 해야 하며, 일하는 것은 반드시 계획을 세워 시작하며, 말을 할 때는 반드시 실행할 것을 생각해야 하며, 항상 덕을 반드시 굳게 지켜야 하며, 허락하는 것은 반드시 신중히 생각해서 응하며, 착한 일을 보면 내가 한 일처럼 여겨야 하며, 악한 일을 보면 내 몸의 병인 것 같이 하라.

무릇 이 열네 가지는 모두 내가 아직 깊이 깨닫지 못한 것이다. 이글을 자리 오른편에 써 두고 아침저녁으로 보면서 경계해야 할 것이다."고 하였다.

참고 장사숙(張思叔) : 중국 북송 때의 사상가로 정이천(程伊川)의 제자이다.

范益謙 座右銘에 曰 一不言朝廷利害邊報差除하고 二不言州縣官員長短得失하고 三不言衆人所作過惡之事하고 四不言仕進官職趨時附勢하고 五不言財利多少厭貧求富하고 六不言淫媟戲慢評論女色하고 七不言求覓人物干索酒食하고 又人付書信을 不可開坼沈滯하고 與人竝座에 不可窺人私書하고 凡入人家에 不可看人文字하고 凡借人物에 不可損壞不還하고 凡喫飮食에 不可揀擇去取하고 與人同處에 不可自擇便利하고 凡人富貴를 不可歎羨詆毁하고 凡此數事에 有犯之者면 足以見用心之不正이라 於正心修身에 大有所害라 因書以自警하노라

(범익겸 좌우명 왈 일불언조정이해변보차제 이불언주현관원장단득실 삼불언중인소작과악지사 사불언사진관직추시부세 오불언재리다소염빈부구 육불언음설희만평론여색 칠불언구멱인물간색주식 우인부서신 불가개탁침체 여인병좌 불가규인사서 범입인가 불가간인문자 범차인물

불가손괴불환 범끽음식 불가간택거취 여인동처 불가자택편리 범인부귀 불가탄선저훼 범차수사 유범지자 족이견용심지부정 어정심수신 대유소해 인서이자경)

한자풀이 范(풀이름 범)　謙(겸손할 겸)　縣(매달 현)　邊(가 변)

仕(벼슬할 사)　趨(따를 추)　厭(싫을 염)　淫(음란할 음)

媟(거만할 설)　戲(희롱할 희)　慢(거만할 만)　覓(찾을 멱)

干(구할 간)　索(찾을 색)　坼(뜯을 탁)　滯(막힐 체)

竝(아우를 병)　窺(엿볼 규)　壞(무너질 괴)　喫(마실 끽)

揀(간할 간)　歎(읊을 탄)　羨(부러워할 선)

詆(꾸짖을 저)　毀(헐 훼)　犯(범할 범)

숙어풀이 差除 : 관리를 파견하여 벼슬에 임명하다

趨時附勢 : 때에 따라 권세에 아부하다

厭貧求富 : 가난을 싫어하고 부자가 되기를 구하다

淫媟戲慢 : 버릇없이 음란하고 거만하게 희롱하다

求覓人物 : 남의 물건을 구하여 탐하다

干索 : 구하고 찾다

開坼 : 뜯고 찢고, 뜯어보다

沈滯 : 젖고 늦고, 지체하다

竝座 : 함께 앉다

損壞 : 손상하고 파괴하다

揀擇 : 가려서 택하다

歎羨詆毀 : 지나치게 부러워하고 욕하고 헐뜯다

범익겸의 좌우명에 이르기를, 첫째는 조정의 이해관계와 변방의 보고와 관직의 임명에 대하여 말하지 말아야 하고, 둘째는 지방 관리들의 장단점과 득실에 대하여 말하지 말아야 하고, 셋째는 여러 사람이 저지른 잘못과 나쁜 일을 말하지 말아야 하고, 넷째는 벼슬하여 관직에 나아감과 시기를 따라 권세에 아부하는 일에 대하여 말하지 말아야 하고, 다섯째는 재물과 이익의 많고 적음과 가난을 싫어하고 부자가 되기를 원하는 것을 말하지 말아야 하고, 여섯째는 여색에 대한 평론을 말하지 말아야 하고, 일곱째는 다른 사람의 물건을 탐내어 요구하거나 술과 음식을 얻으려는 것을 말하지 말아야 한다.

다른 사람의 편지를 뜯어보거나 지체시키지 말아야 하고, 다른 사람과 같이 앉아 그의 사사로운 글을 엿보지 말아야 하고, 다른 사람의 집에 들어가 그가 지은 글을 보지 말아야 하고, 다른 사람의 물건을 빌려 이를 손상하거나 돌려주지 않는 일은 하지 말아야 하고, 음식을 먹을 때는 가려서 취하지 말아야 하고, 다른 사람과 같이 있을 때는 자신의 편리만을 택하지 말아야 하고, 다른 사람의 귀한 것을 부러워하거나 헐뜯지 말아야 한다.

무릇 이러한 몇 가지 일을 어기는 것이 있으면 족히 그 마음 쓰는 것이 바르지 못한 것을 알 수 있으며, 마음을 바르게 하고 몸을 닦는 데 크게 해로운 점이 있을 것이다. 그러므로 이 글을 써서 스스로 경계하려 한다. 고 하였다.

범익겸(范益謙) : 중국 남송 때의 학자이다.

武王이 問太公 曰 人居世上에 何得貴賤貧
富不等고 願聞說之하여 欲知是矣이로다 太公
曰 富貴는 如聖人之德하여 皆由天命이어니와
富者는 用之有節하고 不富者는 家有十盜니라

(무왕 문태공 왈 인거세상 하득귀천빈부부등 원문설지 욕지시의 태공
왈 부귀 여성인지덕 개유천명 부자 용지유절 불부자 가유십도)

한자풀이 武(굳셀 무) 賤(천할 천) 等(가지런할 등) 盜(훔칠 도)

숙어풀이 不等 : 고르지 않다(평등하지 않다)

十盜 : 열 가지 도둑

해설 무왕이 태공에게 묻기를,

"사람이 세상을 살아가는 데 있어서 어찌하여 귀천과 빈부가 고르지
않습니까? 이에 대한 그대의 말씀을 들어 이것을 알고자 합니다."

태공이 대답하기를,

"부귀는 성인의 덕과 같아서 다 천명에 달려있습니다. 부유한 사람은
쓰는 데 절제가 있고, 부유하지 못한 사람은 집안에 열 가지 도둑이 있기
때문입니다."

참고 무왕(武王) : 중국 주나라의 첫 임금인 문왕(文王)의 아들로 성은 희
(姬), 이름은 발(發)이다. 강태공(姜太公)의 도움으로 은(殷)나라를 정복하고 주
나라를 세웠다.

武王이 曰 何謂十盜닛고 太公이 曰 時熟不收이

爲一盜요 收積不了이 爲二盜요 無事燃燈寢

睡이 爲三盜요 慵懶不耕이 爲四盜요 不施功

力이 爲五盜요 專行巧害이 爲六盜요 養女太

多이 爲七盜요 晝眠懶起이 爲八盜요 貪酒嗜

慾이 爲九盜요 强行嫉妬이 爲十盜니라

(무왕 왈 하위십도 태공 왈 시숙불수 위일도 수적불료 위이도 무사
연등침수 위삼도 용라불경 위사도 불시공력 위오도 전행교해 위육도
양녀태다 위칠도 주면라기 위팔도 탐주기욕 위구도 강행질투 위십도)

한자풀이) 謂(이를 위) 熟(익을 숙) 積(쌓을 적) 燃(불태울 연)

燈(등잔 등) 寢(잠잘 침) 睡(졸음 수) 慵(게으를 용)

懶(게으를 라) 專(오로지 전) 養(기를 양) 晝(낮 주)

眠(잠잘 면) 嗜(즐길 기)

숙어풀이) 時熟 : 제 때에 익다

燃燈 : 등불을 켜다

寢睡 : 누워서 자다

慵懶 : 게으르고 나태하다

專行巧害 : 오로지 약삭빠르게 방해만 하다

貪酒嗜慾 : 술을 탐내고 욕심을 즐기다

強行嫉妬 : 심하게 질투하다

(해설) 무왕이 묻기를,

"열 가지 도둑이 무엇입니까?"

태공이 대답하기를,

"곡식이 익은 것을 제 때에 거둬들이지 않는 것이 첫째 도둑이요, 거두고 쌓는 것을 잘 마무리하지 않는 것이 둘째 도둑이요, 아무 일 없이 등불을 환히 켜놓고 잠자는 것이 셋째 도둑이요, 게을러서 밭에 나가 일하지 않는 것이 넷째 도둑이요, 공과 힘을 들이지 않고 남에게 베풀지 않는 것이 다섯째 도둑이요, 오로지 오로지 약삭빠르게 방해만 하는 것이 여섯째 도둑이요, 딸을 너무 많이 기르는 것이 일곱째 도둑이요, 낮잠 자고 아침에 일어나기를 게을리하는 것이 여덟째 도둑이요, 술을 탐하고 욕심을 부리는 것이 아홉째 도둑이요, 다른 사람을 심하게 질투하는 것이 열 번째 도둑입니다." 고 하였다.

武王이 曰 家無十盜而不富者는 何如닛고 太
公이 曰 人家에 必有三耗니다 武王이 曰 何名
三耗닛고 太公이 曰 倉庫漏濫不蓋하여 鼠雀亂
食이 爲一耗요 收種失時이 爲二耗요 抛撒米
穀穢賤이 爲三耗니다

(무왕 왈 가무십도이불부자 하여 태공 왈 인가 필유삼모 무왕 왈 하
명삼모 태공 왈 창고누람불개 서작난식 위일모 수종실시 위이모 포살
미곡예천 위삼모)

(해설) 무왕이 묻기를,

"집안에 열 가지 도둑이 없는데도 부자가 되지 못한 것은 어찌하여 그 러합니까?"

태공이 말하기를,

"그런 사람의 집에는 반드시 세 가지 손실이 있을 것입니다."

무왕이 묻기를,

"무엇을 세 가지 손실이라고 말합니까?"

태공이 말하기를,

"창고가 뚫려있는데도 가리지 않아 쥐와 새들이 마구 먹어대는 것이 첫 번째의 손실이요, 거두고 심는 적절한 시기를 놓치는 것이 두 번째의 손실이요, 곡식을 버리고 흩뜨려 더럽고 천하게 함부로 다루는 것이 세 번째의 손실입니다." 고 하였다.

武王 曰 家無三耗而不富者는 何如닛고 太

公 曰 人家必有一錯二誤三痴四失五逆六

不祥七奴八賤九愚十强하여 自招其禍요 非

天降殃이니다

(무왕 왈 가무삼모이불부자 하여 태공 왈 인가필유일착이오삼치사실
오역육불상칠노팔천구우십강 자초기화 비천강앙)

한자풀이 錯(어긋날 착)　　誤(그릇할 오)　　痴(어리석을 치)

　　　祥(상서로울 상)　　奴(노예 노)　　殃(재앙 앙)

숙어풀이 不祥 : 상서롭지 못하다, 좋지 않다

　　　自招 : 자기 스스로 불러들이다

　　　降殃 : 재앙을 내리다

무왕이 묻기를,

"집안에 세 가지 손실이 없는데 부자가 되지 못한 것은 어찌하여 그러
합니까?"

태공이 대답하기를,

"그런 사람의 집에는 반드시 나쁜 것이 있어서, 첫째로 일을 잘못하는
것(一錯), 둘째로 일을 그르치는 것(二誤), 셋째로 미련한 것(三痴), 넷
째로 일에 있어서 실수하는 것(四失), 다섯째로 인륜을 거역하는 것(五
逆), 여섯째로 상서롭지 못한 것(六不祥), 일곱째로 종의 행세를 하는
것(七奴), 여덟째로 천한 일을 하는 것(八賤), 아홉째로 어리석은 것(九

愚), 열째로 지나치게 억지를 쓰는 것(十强)이 있어서 자신이 스스로 재
앙을 불러들이는 것이지, 하늘이 재앙을 내리는 것이 아닙니다." 고 하였
다.

武王 曰 願悉聞之하나이다 太公 曰 養男不教訓이 爲一錯이요 嬰孩不訓이 爲二誤요 初迎新婦不行嚴訓이 爲三痴요 未語先笑이 爲四失이요 不養父母이 爲五逆이요 夜起赤身이 爲六不祥이요 好挽他弓이 爲七奴요 愛騎他馬이 爲八賤이요 喫他酒勸他人이 爲九愚요 喫他飯命朋友이 爲十强이니다

武王 曰 甚美誠哉라 是言也이여

(무왕 왈 원실문지 태공 왈 양남불교훈 위일착 영해불훈 위이오 초영신부불행엄훈 위삼치 미어선소 위사실 불양부모 위오역 야기적신 위육불상 호만타궁 위칠노 애기타마 위팔천 끽타주권타인 위구우 끽타반명붕우 위십강 무왕 왈 심미성재 시언야)

한자풀이 悉(다 실)　　　嬰(갓난아이 영)　　孩(어린아이 해)
　　　　　迎(맞이할 영)　嚴(엄할 엄)　　　笑(웃을 소)
　　　　　挽(당길 만)　　弓(활 궁)　　　　騎(말 탈 기)
　　　　　喫(마실 끽)　　甚(깊을 심)　　　哉(어조사 재)

숙어풀이 悉 : 다, 모두, 남김없이
　　　　　嬰孩 : 어린아이

初迎 : 처음으로 맞이하다

嚴訓 : 엄한 가르침

赤身 : 알몸

愛騎 : 말 타기를 좋아하다

命朋友 : 친구에게 주다

(해설) 무왕이 말하기를,

"그 자세한 내용을 듣고 싶습니다."

태공이 대답하기를,

"아들을 기르면서 가르치지 않는 것이 첫 번째의 어긋남이요, 어린아이를 훈계하지 않는 것이 두 번째의 그름이요, 처음 아내를 맞아들여서 엄하게 가르치지 않는 것이 세 번째의 어리석음이요, 남이 말하기 전에 먼저 웃기부터 하는 것이 네 번째의 과실이요, 부모를 봉양하지 않는 것이 다섯 번째의 거스름이요, 밤에 알몸으로 밖에 나가는 것이 여섯 번째의 상서롭지 못함이요, 다른 사람의 활을 빌려 당기기를 좋아하는 것이 일곱 번째의 종의 행색을 하는 것이요, 다른 사람의 말을 타기를 좋아하는 것이 여덟 번째의 천함이요, 다른 사람의 술을 얻어 마시면서 다른 사람에게 권하는 것이 아홉 번째의 어리석음이요, 다른 사람의 밥을 먹으면서 친구에게 주는 것이 열 번째의 억지입니다." 고 하였다.

무왕이 말하기를,

"아아! 정말 아름답고 진실하도다. 이 말씀이여!" 라고 하였다.

치정편
治政篇

이 편은 바른 정치와 관리로서의 올바른 도리를 가르치고 있다

明道先生 日 一命之士라도 苟有存心於愛

物이면 於人必有所濟니라

(명도선생 왈 일명지사 구유존심어애물 어인필유소제)

(한자풀이) 苟(진실로 구)　愛(사랑 애)　濟(도울 제)

(숙어풀이) 一命之士 : 처음으로 관직에 임명된 사람

　　　有所濟 : 도움이 되다

(해설) 명도선생이 말하기를, "처음으로 관직에 임명된 사람이라도 진실로 사물을 사랑하는 마음이 있다면, 다른 사람에게 반드시 도움이 될 것이다." 고 하셨다.

　비록 처음으로 관직에 올라 일의 앞뒤를 잘 모른다 하여도, 모든 것을 소중하고 사랑하는 마음으로 여기고 이를 바르게 실천한다면 능히 백성들을 도울 수 있다는 뜻이다.

(참고) 명도선생(明道先生) : 중국 북송(北宋) 때의 유학자로 이름은 호(顥), 자는 백순(伯淳), 시호는 순(純), 명도(明道)는 그의 호이다. 존칭으로 명도선생이라 불리고, 동생 정이(程伊)와 함께 이정자(二程子)로 알려졌다. 그는 사람은 모름지기 '이(理)'를 직관적으로 파악하여 순응하여야 한다는 '이기일원론(理氣一元論)'을 주창하였는데, 그의 사상은 동생 정이를 거쳐 주자(朱子)에게 큰 영향을 주어 송나라 새 유학의 기초가 되었다. 저서에 <정성서(定性書)>, <식인편(識仁篇)>, 시에 <추일우성(秋日偶成)> 등이 있다.

唐太宗 御製에 云 上有麾之하고 中有乘之하고 下有附之하여 幣帛衣之요 倉廩食之하니 爾俸爾祿이 民膏民脂니라 下民은 易虐이어니와 上蒼은 難欺니라

(당태종 어제 운 상유휘지 중유승지 하유부지 폐백의지 창름식지 이봉이록 민고민지 하민 이학 상창 난기)

한자풀이 麾(지휘할 휘) 乘(탈 승) 幣(폐백 폐) 帛(비단 백)
廩(곳집 름) 爾(너 이) 俸(녹 봉) 膏(살찔 고)
脂(기름 지) 虐(사나울 학)

숙어풀이 麾之 : 지휘하다
乘之 : 다스리다
附之 : 따르다
幣帛 : 예물로 받은 비단
倉廩 : 창고
俸祿 : 벼슬아치들에게 주는 곡식이나 돈 따위
易虐 : 학대하기 쉽다
難欺 : 속이기 어렵다

해설 당나라 태종의 어제에 이르기를, "위에는 지휘하는 사람이 있고, 중간에는 다스리는 관리가 있고, 그 아래에는 이에 따르는 백성이 있다. 백성이 바친 비단으로 옷을 지어 입고 창고에 있는 곡식으로 밥을 지어

먹으니, 너희의 녹봉은 다 백성들의 피와 땀인 것이다. 아래에 있는 백성은 학대하기가 쉽지만, 위에서 내려다보는 푸른 하늘은 속이기 어렵다." 고 하였다.

　당태종은 공정한 정치를 하였고 백성들을 진심으로 아꼈다고 한다. 이는 당태종이 백성들을 다스리는 관리들을 경계하여 한 말이다.

참고) 당(唐) 태종(太宗) : 중국 당(唐)나라 제2대 황제(재위 626~649)로 이름은 세민(世民), 고조(高祖) 이연(李淵)의 아들이다. 수(隋)나라 양제(煬帝)의 폭정으로 내란의 양상이 짙어지자, 아버지를 설득하여 거병, 장안을 점령하고 당나라를 수립하였다. 그는 명신 위징(魏徵) 등의 의견을 받아들여, 과감한 개혁정치를 폈으며 백성을 불쌍히 여기는 지극히 공정한 정치를 하기에 힘썼다. 그러므로 그의 치세는 '정관(貞觀)의 치(治)'라 칭송받았고, 후세 제왕의 모범이 되었다.

童蒙訓에 曰 當官之法이 唯有三事하니 曰淸
曰愼曰勤이라 知此三者면 知所以持身矣니라

(동몽훈 왈 당관지법 유유삼사 왈청왈신왈근 지차삼자 지소이지신의)

(한자풀이) 童(아이 동)　蒙(어릴 몽)　訓(가르칠 훈)　唯(오직 유)
愼(삼갈 신)　持(가질 지)

(숙어풀이) 當官之法 : 관리가 된 사람이 지켜야 할 법

(해설)　<동몽훈>에 이르기를, "관리가 된 사람이 지켜야 할 법은 오직
세 가지가 있으니 청렴함과 신중함과 근면함이다. 이 세 가지를 알면 몸
가짐을 어떻게 해야 하는지 알게 된다."고 하였다.

　관직을 맡은 사람이 청렴함과 신중함과 근면함을 알면 다른 사람들 앞
에서의 몸가짐이나 행동을 어떻게 해야 하는지 알게 된다는 뜻이다. 청렴
함을 모르면 부정을 일삼아 부패하기 마련이고, 신중함을 모르면 일을 경
솔하게 처리해 일을 그르치게 되고, 근면함을 모르면 나태해져 일의 진척
이 없으니 발전이 없는 것이다. 관리가 잘해야 나라도 바로 서고 백성들
도 편안한 법이다.

(참고)　동몽훈(童蒙訓) : 중국 송(宋)나라 때 여본중(呂本中)이 아이들을 가르
치기 위하여 엮은 책이다.

當官者는　必以暴怒爲戒하여　事有不可어든
當詳處之면　必無不中이어니와　若先暴怒면　只
能自害라　豈能害人이리오

(당관자 필이폭노위계 사유불가 당상처지 필무부중 약선폭노 지능자
해 기능해인)

(한자풀이) 暴(사나울 폭)　怒(성낼 노)　戒(경계할 계)　詳(자세할 상)
　　　　只(다만 지)　能(능할 능)

(숙어풀이) 當官者 : 관직에 있는 사람
　　　暴怒 : 사납게 화를 내다
　　　詳處 : 자세하게 살펴 처리하다

(해설) 관직에 있는 사람은 반드시 지나치게 화내는 것을 경계하라. 일에
옳지 않음이 있거든 마땅히 자세하게 살펴 처리하면 반드시 잘못되는 일
이 없을 것이지만, 만약 먼저 사납게 화부터 낸다면 오직 자신을 해롭게
할 뿐이다. 어찌 남을 해칠 수 있으랴.

조금만 참고 일의 잘못된 원인을 찾아 바르게 고치면 무사하게 끝날 일
을 한순간 참지 못하고 심하게 화를 냄으로써 손해를 보는 것은 다른 사
람이 아닌 바로 자신인 것이다. 더구나 관직에 있는 사람이라면 더욱 신
중을 기해야 할 것이다.

事君을 如事親하며 事長官을 如事兄하며 與

同僚를 如家人하며 待群吏를 如奴僕하며 愛

百姓을 如妻子하며 處官事를 如家事然後에

能盡吾之心이니 如有毫末不至면 皆吾心에

有所未盡也니라

(사군 여사친 사장관 여사형 여동료 여가인 대군리 여노복 애백성 여처자 처관사 여가사연후 능진오지심 여유호말부지 개오심 유소미진 야)

(한자풀이) 僚(동료 료)　群(무리 군)　僕(종 복)　毫(가는 털 호)

(숙어풀이) 群吏 : 여러 아전
奴僕 : 종, 하인
毫末 : 털끝, 털끝만치('극히 적은 것'을 비유한 말)
未盡 : 아직 다하지 못하다, 아직 충분하지 못하다

(해설) 임금 섬기기를 부모님 섬기듯 하며, 윗사람 섬기기를 형님을 섬기듯 하며, 동료 대하기를 내 가족처럼 하며, 여러 아전 대하기를 내 집 노복같이 하며, 백성 사랑하기를 아내와 자식을 사랑하듯 하며, 나라 일 처리하기를 내 집안일처럼 하고 난 뒤에야 능히 내 마음을 다했다 할 것이다. 만약 털끝만치라도 다하지 못함이 있으면 모두 내 마음에 다하지 못한 바가 있기 때문이다.

或이 問簿는 佐令者也니 簿所欲爲를 令或不
從이면 奈何닛고 伊川先生이 曰 當以誠意動
之니라 今令與簿不和는 便是爭私意요 令은
是邑之長이니 若能以事父兄之道로 事之하여
過則歸己하고 善則唯恐不歸於令하여 積此誠
意면 豈有不動得人이리오

(혹문 부 좌령자야 부소욕위 영혹부종 내하 이천선생 왈 당이성의동
지 금령여부불화 변시쟁사의 영 시읍지장 약능이사부형지도 사지 과
즉귀기 선즉유공불귀어령 적차성의 기유부동득인)

해설 어떤 사람이 묻기를,

"주부(主簿)는 현령(縣令)을 보좌하는 사람입니다. 주부가 하고자 하는 바를 현령이 혹시 들어주지 않는다면 어떻게 합니까?"

이천 선생이 대답하기를,

"마땅히 정성스러운 마음으로 그 사람을 움직여야 할 것이다. 지금 현령과 주부가 화합하지 않는 것은 곧 사사로운 생각으로 다투는 것이다. 현령은 고을의 어른이니 만약 부형을 섬기는 도리로 그를 섬겨 잘못은 나자신에게 돌리고, 잘한 것은 현령에게로 돌아가지 않을까 염려하여, 이와같은 성의를 다한다면 어찌 사람을 움직이지 못하겠는가."고 하였다.

이는 아랫사람이 윗사람을 마치 아버지를 모시는 마음으로 정성을 다하고, 제 욕심을 채우려는 마음을 버린다면 윗사람 또한 아랫사람의 마음을 알고, 서로 화합하여 관계가 원만해짐을 깨우치는 글이다.

참고 정이천(程伊川) : 중국 북송 때의 유명한 학자로 이름은 이(頤), 자는 정숙(正叔), 이천(伊川)은 그의 호이다. 주자(朱子)와 함께 송학(宋學)의 대표적인 학자이다. 저서로 <역전(易傳)>, <어록(語錄)> 등이 있다.

劉安禮 問臨民한대 明道先生이 曰 使民으로

各得輸其情이니라 問御吏한대 曰 正己以格

物이니라

(유안례 문임민 명도선생 왈 사민 각득수기정 문어리 왈 정기이격물)

(한자풀이) 劉(성 유) 臨(임할 임) 輸(알릴 수) 格(바로잡을 격)

(숙어풀이) 臨民 : 백성을 다스리다

輸 : 보내다, 알리다

御吏 : 관리들을 거느리다

格物 : 다른 사람을 바르게 하다

(해설) 유안례가 백성을 다스리는 도리를 물으니 명도 선생이 말하기를,

"백성으로 하여금 각각 자신들의 생각하는 바를 다 말할 수 있게 해야

한다."

관리들을 거느리는 도리를 물으니,

"자기를 바르게 함으로써 다른 사람을 바르게 하라."고 하였다.

정치를 잘하려면 백성의 마음을 읽어야 한다. 그러기 위해서는 백성들

이 자신의 생각을 편하게 말할 수 있어야 하고 관리는 이를 귀담아 들어

야 한다는 교훈이다.

(참고) 유안례(劉安禮) : 중국 북송 때 사람으로 자는 원소(元素)이다.

抱朴子 曰 迎斧鉞而正諫하며 據鼎鑊而盡

言이면 此謂忠臣也이니라

(포박자 왈 영부월이정간 거정확이진언 차위충신야)

<한자풀이> 抱(안을 포)　朴(후박나무 박)　迎(맞이할 영)　斧(도끼 부)
　　　　　鉞(도끼 월)　諫(간할 간)　　　據(의거할 거)　鼎(솥 정)
　　　　　鑊(가마 확)　謂(이를 위)

<숙어풀이> 斧鉞 : 도끼. 무거운 형벌 또는 목이 베어 죽임을 당하다
　　　　　　　여기서는 죽임을 당한다는 뜻으로 쓰인다.
　　　　　鼎鑊 : 가마솥
　　　　　盡言 : 할 말을 다하다

<해설>　<포박자>에 말하기를, "도끼로 맞더라도 바르게 간하며, 가마솥
에 들어가더라도 옳다고 생각하는 말을 다 한다면 이를 충신이라 이른다."
고 하였다.

　이는 충신의 도리를 강조한 말이다. 설령 죽임을 당한다 하여도 임금이
올바른 정사(政事)를 펼 수 있다면, 충신으로서 옳은 말을 하여야 한다는
뜻이다.

<참고>　포박자(抱朴子) : 중국 진(晉)나라 갈홍(葛洪)이 지은 도교서적으로 중
국의 신선방약(神仙方藥)과 불로장수의 비법을 서술한 책이다. 포박자는 갈홍의
호이다. <내편(內篇)> 20편, <외편(外篇)> 50편으로 이루어져 있는데 내편에
는 연금술과 신선술 등 도교사상(道敎思想)이 체계적으로 기술되어 있고, 외편에
는 사회의 이해득실과 인사의 잘잘못 등이 기록되어 있다.

치가편

治家篇

이 편은 화목한 가정을 위한 올바른 도리를 가르치고 있다

司馬溫公 曰 凡諸卑幼는 事無大小에 毋得
專行하고 必咨稟於家長이니라

(사마온공 왈 범제비유 사무대소 무득전행 필자품어가장)

(한자풀이) 卑(낮을 비)　毋(말 무)　專(마음대로 전)　咨(물을 자)
稟(아뢸 품)

(숙어풀이) 卑幼 : 손아랫사람
毋得 : ~해서는 안 된다
專行 : 제 마음대로 실행하다
咨稟 : 윗사람에게 여쭈다

(해설) 사마온공이 말하기를, "무릇 손아랫사람과 어린이는 일의 크고 작음에 관계없이 제 마음대로 하지 말고, 반드시 집안 어른께 여쭈어 보고서 해야 한다."고 하였다.

　요즈음의 가정을 보면 어른 중심이 아니라 아이들 중심으로 모든 생활이 이루어지고, 그런 가정의 아이를 보면 기본 예의도 모르는 이기적인 아이들이 많다. 이는 모두 가정의 질서가 깨지는 데서 오는 것이다. 가정의 질서가 바로 서야 비로소 그 가정이 화목해지는 것이다.

待客에 不得不豊이요 治家에 不得不儉이니라

(대객 부득불풍 치가 부득불검)

(한자풀이) 待(대접할 대)   豊(풍성할 풍)

(숙어풀이) 待客 : 손님을 대접하다

不得不 : ~하지 않을 수 없다, 불가불(不可不)

治家 : 집안일을 보살피어 다스리다

(해설) 손님 접대는 풍성하게 하지 않을 수 없고, 살림살이는 검소하지 않을 수 없다.

즉, 손님 대접은 넉넉하게 하고 살림살이는 검소하게 해야 한다는 뜻이다. 내 집에 찾아온 손님을 정성껏 대접하는 것은 인간으로서의 당연한 기본예절이다. 만약 손님을 푸대접한다면 자신 또한 손님으로 갔을 때 똑같은 대접을 받을 것이다. 또 아무리 많은 재산이라도 쓸데없이 낭비한다면 그 결과는 보지 않아도 훤하다. 근검절약만이 재산을 오래 지키는 방법이다.

太公 曰 痴人은 畏婦고 賢女는 敬夫니라

(태공 왈 치인 외부 현녀 경부)

한자풀이 痴(어리석을 치)　畏(두려워할 외)　敬(공경할 경)

숙어풀이 痴人 : 어리석은 사람, 못난 사람
　　　　賢女 : 현명한 아내

해설 태공이 말하기를, "어리석은 사람은 아내를 두려워하고, 현명한 아내는 남편을 공경한다." 고 하였다.

　부부란 한마디로 인생의 동반자이다. 서로의 인격을 존중하고 자신들의 본분을 서로 잘 지켜간다면 부부간의 사랑도 영원할 수 있을 것이며, 가정생활도 원만해질 것이다.

凡使奴僕에 先念飢寒이니라

(범사노복 선념기한)

(한자풀이) 僕(종 복)　飢(주릴 기)　寒(추울 한)

(숙어풀이) 奴僕 : 종, 하인. 노자(奴子)
　　　　　飢寒 : 굶주림과 추위

(해설) 무릇 하인을 부리는 데는 먼저 그들의 배고픔과 추위를 생각해야
한다.

이는 아랫사람에 대한 배려의 중요성을 말하고 있다. 비록 집에서 부리
는 하인이라도 쓸데없는 주인행세만 하려 들지 말고, 그들의 처지를 먼저
생각하여 그들의 마음을 얻어야 한다는 교훈이다.

子孝雙親樂이오 家和萬事成이니라

(자효쌍친락 가화만사성)

(한자풀이) 雙(쌍 쌍)　親(어버이 친)

(숙어풀이) 雙親 : 양친(兩親), 부모, 어버이

(해설) 자식이 효도하면 부모님이 즐거워하고, 집안이 화목하면 모든 일이 잘 이루어진다.

　자식이 부모에게 효도하니 부모님이 즐거운 것은 당연하고, 부모님이 즐거우니 가정이 화목한 것은 당연하고, 가정이 화목하니 하는 일마다 잘 이루어지는 것은 지극히 당연한 일이다.

時時防火發하고 夜夜備賊來니라

(시시방화발 야야비적래)

한자풀이 發(일어날 발) 備(방비할 비) 賊(도둑 적)

숙어풀이 時時 : 시각마다, 항상
夜夜 : 매일 밤마다. 매야(每夜)

해설 항상 불이 나는 것을 막고, 매일 밤마다 도둑이 드는 것을 방비해야 한다.

화재나 도둑은 예고 없이 찾아오는 것이다. 그러니 매사에 미리미리 예방하고 방비하라는 교훈이다.

景行錄에 云 觀朝夕之早晏하여 可以卜人家
之興替니라

(경행록 운 관조석지조안 가이복인가지흥체)

(한자풀이) 觀(볼 관)   早(이를 조)   晏(늦을 안)   替(쇠할 체)

(숙어풀이) 朝夕 : 아침과 저녁. 조모(朝暮)
         早晏 : 이르고 늦음
         興替 : 흥하고 쇠함. 성쇠(盛衰)

(해설) <경행록>에 이르기를, "아침과 저녁이 이르고 늦음을 보아야 가
히 그 사람의 집이 흥하고 쇠함을 점칠 수 있다." 고 하였다.

　다른 사람들보다 하루를 일찍 시작하고 부지런하게 움직여야 집안이 잘
된다는 뜻으로 근면하고 성실한 생활 태도의 중요성을 강조한 말이다.

文仲子 曰 婚娶而論財는 夷虜之道也이니라

(문중자 왈 혼취이논재 이로지도야)

(한자풀이) 仲(버금 중)　　婚(혼인할 혼)　　娶(장가들 취)
　　　　夷(오랑캐 이)　　虜(오랑캐 로)

(숙어풀이) 婚娶 : 시집가고 장가가다. 혼인(婚姻)
　　　　論財 : 재물을 논하다(재물의 많고 적음을 따지다)
　　　　夷虜 : 오랑캐

(해설) 문중자가 말하기를, "혼인하는 데 재물을 논하는 것은 오랑캐의 법도이다."고 하였다.

　참으로 맞는 말이다. 특히 지금의 세태를 보면 더욱 그렇다. 결혼 예단으로 인한 폐해가 적지 않기 때문이다. 많은 돈이 오가고 화려한 결혼식을 해야만 결혼생활이 행복한 것은 아니다. 중요한 것은 서로에 대한 진실한 마음이다.

(참고) 문중자(文仲子) : 중국 수(隋)나라 때 유명한 학자로 성은 왕(王)이고 이름은 통(通)이다. 문중자는 그가 죽은 뒤 제자들이 부른 시호이다. 저서로 <중설(中說)>이 있다.

안의편
安義篇

이 편은 가장 기본적인 인간관계인
부부, 부자, 형제간의 도리를 가르치고 있다

顔氏家訓에 曰 夫有人民而後에 有夫婦하고
有夫婦而後에 有父子하고 有父子而後에 有
兄弟하니 一家之親은 此三者而已矣라 自玆
以往으로 至于九族이 皆本於三親焉이라 故로
於人倫에 爲重也이니 不可不篤이니라

(안씨가훈 왈 부유인민이후 유부부 유부부이후 유부자 유부자이후 유
형제 일가지친 차삼자이이의 자자이왕 지우구족 개본어삼친언 고 어
인륜 위중야 불가불독)

(한자풀이) 顔(얼굴 안) 玆(이 자) 于(어조사 우) 焉(어찌 언)
　　　　　倫(인륜 륜) 篤(돈독할 독)

(숙어풀이) 自玆以往 : 이로부터 나아가, 뒤로
　　　　　九族 : 구대(九代). 즉 고조로부터 증조부, 조부, 부, 자기, 아들,
　　　　　　　　　손자, 증손자, 현손자까지의 직계 친족을 말한다.
　　　　　三親 : 가장 가까운 세 친족 관계. 곧 부부, 부자, 형제
　　　　　爲重 : 가장 중요하다
　　　　　不可無 : 없어서는 안 된다, ~하지 않으면 안 된다(해야 된다)

(해설) 안씨 가훈에 말하기를, "대저 사람이 있은 후에 부부가 있고, 부부
가 있은 후에 부자가 있고, 부자가 있은 후에 형제가 있나니 한 집안의
가장 친한 것은 이 세 가지뿐이다. 이로부터 나아가 구족(九族)에 이르기

까지는 모두 이 삼친(三親 부부, 부자, 형제)이 근본이 된다. 그러므로 삼친은 인륜에 있어서 가장 소중하게 여겨야 할 것이니, 돈독하게 하지 않으면 안 된다."고 하였다.

인륜에 있어 가장 중요한 것은 가족이다. 그 가족의 근본이 부부이고 그 부부가 있음으로써 부자가 있고 형제가 있는 것이다. 뿐만 아니라 모든 친족에 이르기까지 그 근본이 가족이다. 그러므로 가족끼리 서로 사랑해야 함은 당연한 것이다.

참고 안씨가훈(顔氏家訓) : 중국 중국 남북조(南北朝) 때 안지추(顔之推)가 자손을 위하여 저술한 교훈서이다. 주로 가족간의 지켜야 도리와 대인관계, 구체적인 경제생활, 풍속 등 당시 귀족생활의 실태를 아는 데 중요한 자료이다.

莊子 曰 兄弟爲手足하고 夫婦爲衣服이니 衣

服破時엔 更得新이어니와 手足斷處엔 難可續

이니라

(장자 왈 형제위수족 부부위의복 의복파시 갱득신 수족단처 난가속)

(한자풀이) 服(옷 복) 破(깨뜨릴 파) 更(다시 갱) 斷(끊을 단)
續(이을 속)

(숙어풀이) 手足 : 손과 발
更得新 : 다시 새 옷으로 갈아입다
難可續 : 무척 잇기가 어렵다

(해설) 장자가 말하기를, "형제는 수족과 같고 부부는 옷과 같으니, 옷이 떨어지면 다시 새 것으로 갈아입을 수 있지만 수족이 끊어진 것은 무척 잇기 어렵다."고 하였다.

이는 당시의 혈연 중심의 사고방식을 잘 나타내는 글이다. 혈연으로 맺어진 형제는 남이 될 수 없지만, 부부는 등 돌리면 남이란 말도 있듯이 헤어지면 남이 된다는 뜻이다. 지금의 부부 중심의 현대적 가족 관계에서 보면 다소 비판적으로 받아들여질 내용이다.

蘇東坡 云 富不親兮貧不疎는 此是人間大
丈夫요 富則進兮貧則退는 此是人間眞小輩
니라

(소동파 왈 부불친혜빈불소 차시인간대장부 부즉진혜빈즉퇴 차시인간
진소배)

(한자풀이) 蘇(성 소)   坡(고개 파)   疎(성길 소)   輩(무리 배)

(숙어풀이) 疎 : 친하지 않다

此是 : 이것이 바로

小輩 : 소인배(마음이 넓지 못하고 간사한 사람 또는 그 무리)

(해설) 소동파가 말하기를, "부유하다고 친하지 않으며, 가난하다고 멀리
하지 않는 것이 바로 인간으로서의 대장부라 할 것이요, 부유하다고 가까
이 하고 가난하다고 멀리하는 것은 바로 인간으로서 소인배 짓이다."고
하였다.

사람과 친분을 맺는 데 있어서 중요한 것은 재산의 많고 적음이 아니다.
그 사람의 됨됨이를 보고 판단을 해야지, 그 사람의 재산의 많고 적음을
가지고 친분을 맺는다면 그것은 소인배나 다름이 없다.

준례편
遵禮篇

이 편은 모든 일의 근본인 예(禮)와
인간의 기본도리에 대해 가르치고 있다

子 曰 居家有禮故로 長幼辨하고 閨門有禮故로 三族和하고 朝廷有禮故로 官爵序하고 田獵有禮故로 戎事閑하고 軍旅有禮故로 武功成이니라

(자 왈 거가유례고 장유변 규문유례고 삼족화 조정유례고 관작서 전렵유례고 융사한 군려유례고 무공성)

한자풀이) 辨(분별할 변) 閨(안방 규) 爵(벼슬 작) 獵(사냥 렵)
         戎(군사 융)   旅(군대 려)

숙어풀이) 閨門 : 부녀자가 거처하는 곳. 규중(閨中)
         三族 : 아버지, 어머니, 아내의 세 친족
         官爵 : 관직과 작위
         田獵 : 사냥(중국 고대에는 사냥으로 군사 훈련을 시켰다)
         軍旅 : 군대

해설) 공자가 말하기를, "가정에 예가 있으므로 어른과 아이의 분별이 있고, 집안 간에 예가 있으므로 삼족(三族)이 화목하고, 조정에 예가 있으므로 벼슬에 위계질서가 있고, 사냥(군사 훈련의 장)에 예가 있으므로 군사 훈련이 숙달되고, 군대에 예가 있으므로 무공이 성취된다." 고 하였다.

子 曰 君子有勇而無禮면 爲亂하고 小人有
勇而無禮면 爲盜니라

(자 왈 군자유용이무례 위란 소인유용이무례 위도)

(한자풀이) 勇(용맹할 용)　亂(어지러울 란)　盜(훔칠 도)

(숙어풀이) 君子 : 학문과 덕이 높고 행실이 바르며 품위를 갖춘 사람

(해설) 공자가 말하기를, "군자가 용맹만 있고 예가 없으면 세상을 어지럽게 하고, 소인이 용맹만 있고 예가 없으면 도둑이 된다."고 하였다.

　군자라 하여도 용맹함과 예가 조화를 잘 이루어야 비로소 진정한 군자라 할 수 있고, 도량이 좁고 간사한 사람이 용맹함은 있으되 예마저 저버린다면 도둑이 될 수밖에 없음을 말한다.

曾子 曰 朝廷엔 莫如爵이요 鄕黨엔 莫如齒요
輔世長民엔 莫如德이니라

(증자 왈 조정 막여작 향당 막여치 보세장민 막여덕)

한자풀이) 鄕(시골 향)   黨(마을 당)   輔(도울 보)   齒(나이 치)

숙어풀이) 鄕黨 : 시골 마을
齒 : 나이
輔世長民 : 세상을 돕고 백성을 다스리다(가르치다)

해설) 증자가 말하기를, "조정에서는 벼슬보다 좋은 것이 없고, 마을에서
는 나이가 많은 사람보다 나은 사람이 없으며, 세상을 돕고 백성을 잘 다
스리는 것에는 덕만한 것이 없다."고 하였다.

이는 세상이 태평하고 백성들을 편안하게 잘 살게 하는 것은 덕(德)을
정치의 기본으로 삼아야 한다는 뜻이다.

참고) 증자(曾子) : 중국 춘추시대(春秋時代) 노(魯)나라 때의 유학자로 이름
은 삼(參), 자는 자여(子與)이다. 증자는 효(孝)와 신(信)을 도덕행위의 근본으
로 여겼으며 공자의 도(道)를 계승하였다. 그의 가르침은 공자의 손자 자사(子思)
를 거쳐 맹자(孟子)에게 전해져 유교사상 역사상 중요한 위치를 차지한다.

老少長幼는 天分秩序니 不可悖理而傷道也

이니라

(노소장유 천분질서 불가패리이상도야)

(한자풀이) 秩(차례 질)   悖(어긋날 패)   傷(다칠 상)

(숙어풀이) 天分 : 하늘이 정한 분수(타고난 재질이나 복)

　　　　　悖理 : 이치에 어긋나다

　　　　　傷道 : 도리를 상하게 하다

(해설) 늙은이와 젊은이, 어른과 아이는 하늘이 분별한 질서이니 이 이치를 어기고 도리를 상하게 해서는 안 된다.

　이는 늙은이와 젊은이, 어른과 아이는 하늘이 정해준 질서이니 상하의 질서와 순서가 흔들리지 않고 반듯하게 유지되어야 올바른 사회가 유지된다는 뜻이다.

出門如見大賓하고 入室如有人이니라

(출문여견대빈 입실여유인)

(한자풀이) 賓(손 빈)   室(집 실)

(숙어풀이) 大賓 : 큰 손님(높이 받들어 모셔야 할 귀한 손)

(해설) 문 밖을 나설 때에는 마치 큰 손님을 대하는 듯이 하고, 집 안으로 들어올 때에는 마치 사람이 있는 것처럼 조심해야 한다.

이는 항상 몸가짐을 반듯하게 하라는 뜻이다. 밖에서는 누구를 만나더라도 예의를 지켜 마치 귀한 손님을 대하듯이 다른 사람을 대하고, 안에서는 비록 혼자 있더라도 다른 사람과 같이 있는 것처럼 조심하라는 것이다.

若要人重我인대 無過我重人이니라

(약요인중아 무과아중인)

(한자풀이) 若(만약 약) 要(구할 요) 重(무거울 중)

(숙어풀이) 人重我 : 다른 사람이 나를 중하게 여기다
         我重人 : 내가 다른 사람을 중하게 여기다

(해설) 만일 다른 사람이 나를 정중하게 여기기를 바란다면, 내가 먼저 다른 사람을 정중히 여겨야 한다.

　자신이 대접받기 원한다면 다른 사람부터 대접해야 하는 것이 세상 이치이다. 그러므로 자신이 소중히 여기기를 바란다면 먼저 다른 사람을 소중히 여기는 마음을 가져야 할 것이다.

父不言子之德하며 子不談父之過니라

(부불언자지덕 자부담부지과)

한자풀이 談(말씀 담) 過(허물 과)

숙어풀이 談 : 말하다, 이야기하다

해설 아버지는 아들의 덕을 말하지 않아야 하며, 자식은 아버지의 허물을 말하지 않아야 한다.

부모와 자식 사이는 사람이 태어나서 가장 먼저 맺는 인간관계이고, 이 세상에서 누구보다도 가장 친한 관계이다. 그러므로 아버지가 아들의 훌륭함을 자랑으로 여긴다는 것은 자신을 자랑하는 것뿐이고, 아들이 아버지의 잘못을 다른 사람에게 말한다는 것은 크나큰 불효이다.

언어편
言語篇

이 편은 언어생활의 중요성을 가르치고 있다

劉會 曰 言不中理면 不如不言이니라

(유회 왈 언불중리 불여불언)

(한자풀이) 劉(성 유)　會(모일 회)　理(이치 리)

(숙어풀이) 不中理 : 이치에 맞지 않다

不如 : ～만 못하다

(해설) 유회가 말하기를, "말이 이치에 맞지 않으면 말하지 않은 것만 못하다." 고 하였다.

이치(理致)란 도리에 맞는 근본 뜻이다. 그러므로 이치에 어긋나는 말은 도리에 어긋나는 말이므로 차라리 하지 않은 것만 못한 것이다.

一言不中이면 千語無用이니라

(일언부중 천어무용)

한자풀이 語(말씀 어)　用(쓸 용)

숙어풀이 無用 : 소용이 없다, 쓸데없다

해설 한마디 말이 맞지 않으면, 천 마디 말이 소용이 없다.

　한 번 내뱉은 말은 엎질러진 물과 같아서 다시 주워 담을 수 없다. 천 마디 옳은 말을 했어도 한 마디 틀린 말을 하면 모두 쓸데없는 말이 된다. 그러므로 말 한마디를 하더라도 신중해야 할 것이다.

君平 曰 口舌者는 禍患之門이요 滅身之斧

也이니라

(군평 왈 구설자 화환지문 멸신지부야)

한자풀이 舌(혀 설)   患(근심 환)   滅(멸망할 멸)   斧(도끼 부)

숙어풀이 禍患 : 재앙과 근심

滅身 : 몸을 망치다

해설 군평이 말하기를 "입과 혀는 재앙과 근심의 문이요, 몸을 망치게
하는 도끼와도 같다." 고 하였다.

구설(口舌)은 다른 사람을 시비하거나 헐뜯는 말이다. 이렇게 앞뒤 생
각 없이 하는 말로 인해 결국은 자신을 망치게 되므로, 다시 한번 강조하
지만 말을 함부로 하지 말고 신중에 신중을 기해야 할 것이다.

참고 군평(君平) : 중국 전한 무제(武帝) 때 사람으로 성은 엄(嚴), 이름은
준(遵)이며 군평은 그의 자이다. 점을 잘 쳤다고 한다.

利人之言은 煖如綿絮하고 傷人之語는 利如

荊棘하니 一言利人 重値千金이요 一語傷人에

痛如刀割이니라

(이인지언 난여면서 상인지어 이여형극 일언이인 중치천금 일어상인
통여도할)

(한자풀이) 煖(따뜻할 난)　　綿(솜 면)　　絮(솜 서)　　荊(가시 형)
棘(가시 극)　　値(값 치)　　痛(아플 통)
割(벨 할, 나눌 할)

(숙어풀이) 利人 : 사람을 이롭게 하다
綿絮 : 솜
傷人 : 사람을 상하게 하다
荊棘 : 가시(고난이나 장애 따위를 이르는 말)

(해설) 사람을 이롭게 하는 말은 따뜻하기가 솜과 같고, 사람을 상하게
하는 말은 날카롭기가 가시와 같으니, 사람을 이롭게 하는 한마디 말은
천금의 값어치가 나가고, 사람을 상하게 하는 한마디 말은 칼로 베는 것
처럼 아프다.

이처럼 말 한마디가 사람을 이롭게도 하고 상하게도 하며, 때에 따라서
천금의 가치를 가지지만, 사람을 베는 칼이 될 수도 있다. 그러므로 다른
사람에게 마음의 상처가 되는 말은 삼가야 할 것이다.

口是傷人斧요 言是割舌刀니 閉口深藏舌이면

安身處處牢니라

(구시상인부 언시할설도 폐구심장설 안신처처뢰)

한자풀이 閉(닫을 폐)　藏(감출 장)　牢(안온할 뢰, 우리 뢰)

숙어풀이 割舌刀 : 혀를 베는 칼

閉口 : 입을 닫다

深藏舌 :　혀를 깊이 감추다

해설 입은 사람을 해치는 도끼요, 말은 혀를 베는 칼이니, 입을 닫고 혀를 깊이 감춘다면, 몸이 편안하고 가는 곳마다 안전할 것이다.

함부로 입을 놀렸다가는 큰 낭패를 보게 되니 이는 사람을 상하게 하는 도끼요, 경솔하게 말을 많이 하여 잘못을 저지르게 되면 결국은 자신의 혀를 자르는 것과 같다는 것이다. 그러므로 함부로 입을 열지 말고 말을 가려서 한다면 자연 몸과 마음은 편안하고 안전하게 마련이다.

逢人且說三分話하되 未可全抛一片心이니

不怕虎生三個口요 只恐人情兩樣心이니라

(봉인차설삼분화 미가전포일편심 불파호생삼개구 지공인정양양심)

(한자풀이) 逢(만날 봉)   且(또 차)   話(말씀 화)   抛(던질 포)

　　　　 樣(모양 양)   怕(두려워할 파)

(숙어풀이) 未 : 아직 ~하지 못하다, 아직 그러하지 아니하다

　　　　 三分話 : 세 마디만 이야기 하다

　　　　 全抛 : 전부를 버리다, 내던지다

　　　　 一片心 : 한 조각 마음

　　　　 只恐 : 다만 두려울 뿐이다

　　　　 兩樣心 : 두 가지 마음

(해설) 사람을 만나거든 말은 열 마디 중 세 마디만 하고, 자기가 지니고 있는 한 조각 마음까지 다 털어놓지 말아야 하나니, 호랑이의 세 개의 입을 두려워하지 말고, 오직 사람의 두 마음을 두려워해야 한다.

　사람의 두 마음이 입이 세 개나 있는 호랑이보다도 더 두렵다는 것은, 그만큼 사람의 속마음은 짐작하기 어려운 것이니 자신의 속마음을 상대방에게 온전히 다 내보이지 말고 꼭 필요한 말만 가려 하라는 것이다. '열 길 물속은 알아도 한 길 사람 속은 모른다.' 라는 말을 되새겨 보아야 할 것이다.

酒逢知己千鍾少요 話不投機一句多니라

(주봉지기천종소 화불투기일구다)

(한자풀이) 鍾(술잔 종)　投(맞을 투)　機(때 기, 틀 기)

(숙어풀이) 知己 : 자기를 잘 알아주는 친구. 지기지우(知己之友)
　　　　鍾 : 열 말을 담을 수 있는 그릇, 술잔
　　　　千鍾 : 굉장히 많은 술
　　　　不投機 : 뜻이 서로 통하지 않는다

(해설) 술은 나를 잘 알아주는 친구를 만나면 천 잔도 적고, 말은 뜻이 서로 통하지 않으면 한마디도 많다.

　자신을 잘 이해해주는 참다운 친구라면 술이 천 잔이라도 모자라고, 서로 마음이 맞지 않아 뜻이 통하지 않는 사람과는 말 한마디도 부담스러운 것이다.

교우편
交友篇

이 편은 친구를 사귐에 있어서의 중요성을 가르치고 있다

子曰 與善人居에 如入芝蘭之室하여 久而不
聞其香하되 卽與之化矣요 與不善人居에 如
入鮑魚之肆하야 久而不聞其臭하되 亦與之化
矣니 丹之所藏者는 赤하고 漆之所藏者는 黑
이라 是以로 君子는 必愼其所與處者焉이니라

(자 왈 여선인거 여입지란지실 구이불문기향 즉여지화의 여불선인거
여입포어지사 구이불문기취 역여지화의 단지소장자 적 칠지소장자 흑
시이 군자 필신기소여처자언)

(한자풀이) 芝(지초 지)　蘭(난초 란)　鮑(생선 포)　肆(가게 사)
　　　　　臭(냄새 취)　丹(붉을 단)　藏(품을 장)　漆(옻 칠)
　　　　　黑(검을 흑)　愼(삼갈 신)

(숙어풀이) 芝蘭 : 지초(芝草, 영지)와 난초(蘭草)
　　　　　不聞 : 알지 못하다
　　　　　與之化 : 더불어 동화되다
　　　　　鮑魚之肆 : 생선가게
　　　　　是以 : 그러므로
　　　　　所藏 : 간직하다, 지니다

(해설) 공자가 말하기를, "착한 사람과 같이 살면 향기로운 지초와 난초가
있는 방안에 들어간 것과 같아서, 오래되면 그 냄새를 알지 못하나 곧 더

불어 그 향기에 동화되고, 착하지 못한 사람과 같이 있으면 생선가게에 들어간 것과 같아서, 오래되면 그 나쁜 냄새를 알지 못하나 또한 더불어 자기 자신도 냄새와 동화되나니, 붉은 것을 지니고 있으면 붉어지고 검은 것을 지니고 있으면 검어진다. 그러므로 군자는 반드시 그곳에 함께 머무를 사람을 신중히 가려야 한다고 한다." 고 하였다.

이는 교우 관계에서도 신중해야 함을 강조하고 있다. 친구를 사귈 때는 지초와 난초처럼 향기롭고 맑은 사귐을 가지라는 뜻이다. 좋은 친구와 사귀면 서로에게 좋은 영향을 끼치게 되고, 나쁜 친구와 사귀면 서로 나쁜 영향을 끼치게 된다. 특히 청소년 시기에 나쁜 친구를 사귀게 되면, 평생 자신의 인생을 망칠 수도 있으니 반드시 명심하여야 할 덕목이다.

家語에 云 與好學人同行에 如霧露中行하야

雖不濕衣라도 時時有潤하고 與無識人同行에

如厠中坐하야 雖不汚衣라도 時時聞臭니라

(가어 운 여호학인동행 여무로중행 수불습의 시시유윤 여무식인동행
여측중좌 수불오의 시시문취)

(한자풀이) 學(배울 학)　霧(안개 무)　露(이슬 로)　濕(축축할 습)
潤(젖을 윤)　識(알 식)　厠(뒷간 측)　汚(더러울 오)

(숙어풀이) 好學人 : 학문을 좋아하는 사람
霧露 : 안개와 이슬
時時 : 때때로, 시각마다
無識人 : 무식한 사람
厠 : 뒷간, 변소, 측간

(해설) <공자가어>에 이르기를, "학문을 좋아하는 사람과 동행하면 마치
안개 속을 걷는 것과 같아서 비록 옷은 젖지 않더라도 점점 윤택함이 배
어들고, 무식한 사람과 동행하면 마치 뒷간에 앉은 것 같아서 비록 옷은
더럽히지 않더라도 점점 그 냄새가 풍겨지게 된다."고 하였다.

　학문을 좋아하는 친구를 사귀게 되면 자신도 모르는 새 아는 것이 많아
져 세상의 이치를 깨닫게 되고, 학문을 싫어하는 친구를 사귀게 되면 아
는 것이 없어 자신의 무식함을 깨닫게 된다는 것이다.

子 曰 晏平仲 善與人交로다 久而敬之온여

(자 왈 안평중 선여인교 구이경지)

한자풀이 晏(맑을 안, 늦을 안)   久(오랠 구)   敬(공경할 경)

숙어풀이 與人交 : 남과 더불어 사귀다
　　　　　久而敬之 : 오래도록 공경한다

해설 공자가 말하기를, "안평중은 사람을 잘 사귄다. 오래도록 변함없이 공경한다."고 하였다.

　지금같이 이기적인 현대사회에서 자신을 잘 이해해주는 참다운 친구를 만나기란 참으로 어려운 일이다. 그러니 이해관계에 따라 친구를 사귀거나 배신하지 말고, 서로 신의와 예의를 지켜 좋은 친구와의 관계를 오래도록 지속해 나가도록 노력해야 한다.

참고 안평중(晏平仲) : 중국 제(齊)나라 때 정치가로 이름은 영(嬰)이고 평중은 그의 자이다. 제나라의 영공(靈公), 장공(莊公), 경공(景公)의 3대에 걸쳐 재상을 지냈으며 근면한 정치가로 국민의 신망이 두터웠다. 기억력이 뛰어난 독서가였으며, 합리주의적 경향이 강하였다고 한다. 저서로는 <안자춘추(晏子春秋)>가 있다.

相識滿天下하되 知心能幾人고

(상식만천하 지심능기인)

(한자풀이) 相(서로 상)　識(알 식)　幾(몇 기)

(숙어풀이) 相識 : 서로 얼굴을 알다

幾人 : 몇 사람

(해설) 서로 아는 사람은 온 세상에 많이 있으되, 마음을 아는 사람이 얼마나 될 수 있겠는가.

'지기지우(知己之友)'란 말이 있듯이 진정한 친구란 자신을 잘 알아주는 친구이다. 그냥 이름뿐인 친구가 아무리 많은들 지기(知己) 한 사람만 하겠는가.

酒食兄弟千個有로되 急難之朋一個無니라

(주식형제천개유 급난지붕일개무)

한자풀이 酒(술 주)   個(낱 개)   急(급할 급)   難(어려울 난)

숙어풀이 千個有 : 천 명이나 있다

急難 : 다급하게 닥친 곤란(困難)

술과 음식을 먹을 때의 형제 같은 친구는 천 명이나 있으되, 급하고 어려울 때 도와주는 친구는 한 사람도 없다.

　이는 친구를 사귐에 있어 진정한 믿음과 의리가 그 무엇보다도 소중함을 다시 한번 일깨워주는 내용이다. 물질적인 것이나 듣기에 좋은 말로 환심을 사서 사귄 친구는 진정한 친구가 아니다. 지금의 이기적인 현대사회에서 어려운 일을 당했을 때 선뜻 나서서 도와주는 친구가 있다는 것은 정말 행복한 일이 아닐 수 없다. 그러니 이해관계로 친구를 사귀려 하지 말고 진정한 신의로 친구를 사귀어야 할 것이다.

不結子花는 休要種이요 無義之朋은 不可交라

(불결자화 휴요종 무의지붕 불가교)

한자풀이 結(맺을 결)　種(심을 종)　義(옳을 의)

숙어풀이 休要 : ~하지 말라, ~할 필요가 없다

해설 열매를 맺지 않는 꽃은 심으려 하지 말고, 의리 없는 친구는 사귀지 마라.

　열매가 없는 꽃은 아무 데도 쓸모가 없으니 심지 말고, 친구 사이의 도리는 믿음에 있듯이 믿음과 의리가 없는 친구라면 사귈 필요가 없다는 뜻이다.

君子之交는 淡如水하고 小人之交는 甘若醴라

(군자지교 담여수 소인지교 감약례)

(한자풀이) 淡(맑을 담)　甘(달 감)　醴(단술 례)

(숙어풀이) 淡 : 맑다, 담박(淡泊)하다
　　　　如 : ~와 같다
　　　　醴 : 단술, 단 맛, 좋은 맛

(해설) 군자의 사귐은 맑기가 물과 같고, 소인의 사귐은 달콤하기가 단술과 같다.

　물은 담백하지만 맑아 변함이 없고, 단술은 달콤하지만 그 맛이 금방 변한다. 이렇듯 믿음과 의리로 맺어진 친구관계는 변함이 없이 꾸준히 오래갈 수 있으나, 이해득실로 맺어진 친구관계는 한쪽이 손해를 보거나 뜻이 맞지 않으면 금방 헤어지게 마련이다.

路遙知馬力이요 日久見人心이니라

(노요지마력 일구견인심)

한자풀이 路(길 로)   遙(멀 요)

숙어풀이 路遙 : 먼 길

日久 : 시간이 흘러야(세월이 오래 지나야)

해설 길이 멀어야 말의 힘을 알 수 있고, 시간이 흘러야 사람의 마음을 알 수 있다.

그 사람의 마음을 알기 위해서는 오랜 시간이 필요하다는 말이다.

부행편
婦行篇

이 편은 여성이 갖춰야 할 덕목에 대해 가르치고 있다

益智書에 云 女有四德之譽하니 一曰婦德이요
二曰婦容이요 三曰婦言이요 四曰婦工也니라

(익지서 운 여유사덕지예 일왈부덕 이왈부용 삼왈부언 사왈부공야)

(한자풀이) 譽(기릴 예)　容(얼굴 용)

(숙어풀이) 四德之譽 : 네 가지 덕의 아름다움
婦德 : 부녀자의 덕행
婦容 : 부녀자의 용모
婦言 : 부녀자의 말씨
婦工 : 부녀자의 솜씨

(해설)　<익지서>에 이르기를, "여자에게는 아름다운 네 가지 덕목이 있으니, 첫째는 부녀자로서 지녀야 할 어질고 너그러운 덕행을 말하고, 둘째는 부녀자의 용모를 말하고, 셋째는 부녀자의 말씨를 말하며, 넷째는 부녀자의 솜씨를 말한다." 고 하였다.

婦德者는 不必才名絶異요 婦容者는 不必顔色美麗요 婦言者는 不必辯口利詞요 婦工者는 不必技巧過人也니라

(부덕자 불필재명절이 부용자 불필안색미려 부언자 불필변구이사 부공자 불필기교과인야)

<u>한자풀이</u> 絶(뛰어날 절)　顔(얼굴 안)　麗(고울 려)　辯(말 잘할 변)
詞(말씀 사)　技(재주 기)

<u>숙어풀이</u> 不必 : 반드시 ~는 아니다
才名 : 재주와 명성. 재망(才望)
絶異 : 다른 사람보다 특별히 뛰어나다
美麗 : 아름답고 곱다
辯口 : 재치 있는 말솜씨, 입담 좋게 잘하는 말. 변설(辯舌)
技巧 : 기술이나 솜씨

<u>해설</u> 부덕이라는 것은 반드시 재주와 이름이 뛰어남을 말하는 것이 아니요, 부용이라는 것은 반드시 얼굴이 아름답고 고움을 말함이 아니요, 부언이라는 것은 반드시 입담이 좋고 말 잘하는 것이 아니요, 부공이라는 것은 반드시 손재주가 다른 사람보다 뛰어남을 말하는 것이 아니다.

其婦德者는 淸貞廉節하여 守分整齋하고 行
止有恥하야 動靜有法이니 此爲婦德也요 婦
容者는 洗浣塵垢하여 衣服鮮潔하며 沐浴及
時하여 一身無穢니 此爲婦容也요 婦言者는
擇師而說하여 不談非禮하고 時然後言하여 人
不厭其言이니 此爲婦言也요 婦工者는 專勤
紡績하고 勿好暈酒하며 供具甘旨하여 以奉賓
客이니 此爲婦工也니라

(기부덕자 청정렴절 수분정제 행지유치 동정유법 차위부덕야 부용자
세완진구 의복선결 목욕급시 일신무예 차위부용야 부언자 택사이설
부담비례 시연후언 인불염기언 차위부언야 부공자 전근방적 물호운주
공구감지 이봉빈객 차위부공야)

廉節 : 염치(廉恥)와 절개

守分 : 본분이나 분수를 지키다

整齋 : 바로 잡아 가지런히 하다

行止 : 행동거지, 몸가짐

塵垢 : 먼지와 때

鮮潔 : 선명하고 깨끗하다

擇詞 : 가려서 말하다

專勤 : 오로지 부지런히 하다

紡績 : 길쌈

暈酒 : 술을 빚다

(해설) 부덕이라 함은, 맑고 곧고 염치와 절개가 있어 분수를 지켜 마음을 바르게 하고 몸가짐에 부끄러움이 있어, 행실에 법도가 있어야 하는 것이니 이것이 부덕이 되는 것이요, 부용이라 함은, 먼지와 때를 깨끗이 빨아 옷차림을 정결하게 하며, 목욕을 제때에 하여 몸에 더러움이 없게 하는 것이니 이것이 부용이 되는 것이요, 부언이라 함은, 말을 가려서 하며 예의에 어긋나는 말은 하지 않고, 꼭 해야 할 때에 말해서 사람들이 그 말을 싫어하지 않는 것이니 이것이 부언이 되는 것이요, 부공이라 함은, 길쌈을 부지런히 하며 술을 빚어내기를 좋아하지 않고, 맛있는 음식을 갖추어서 손님을 대접하는 것이니 이것이 부공이 되는 것이다.

此四德者는 是婦人之所不可缺者라 爲之甚

易하고 務之在正하니 依此而行이면 是爲婦節

이니라

(차사덕자 시부인지소불가결자 위지심이 무지재정 의차이행 시위부

절)

(한자풀이) 缺(빠질 결, 이지러질 결)   務(힘쓸 무)

(숙어풀이) 不可缺者 : 없어서는 안 되는 것

務之在正 : 하기가 매우 쉽다

(해설) 이 네 가지 덕목은 부녀자로서 하나도 빠뜨려서는 안 되는 것이니,

행하기가 매우 쉽고 이를 힘쓰는 것이 올바르니, 이에 따라 행한다면 이

것이 곧 부녀자의 범절이다.

太公 曰 婦人之禮는 語必細니라

(태공 왈 부인지례 어필세)

(한자풀이) 禮(예절 예)　細(가늘 세)

(숙어풀이) 細 : 가늘다, 작다, 미미하다

(해설) 태공이 말하기를, "부인의 예법은 말소리가 반드시 곱고 가늘어야 한다."고 하였다.

　자신의 의견이 받아들여지지 않는다고 하여 말을 거칠게 하거나 그 소리가 너무 커서 옆집까지 들리도록 해서는 안 된다. 현명한 아내는 부녀자로서의 기본 예의를 지키고, 덕으로써 가정을 지켜야 할 것이다.

賢婦는 令夫貴요 佞婦는 令夫賤이라

(현부 영부귀 영부 영부천)

(한자풀이) 賢(어질 현) 貴(귀할 귀) 賤(천할 천)

(숙어풀이) 令夫貴 : 남편을 귀하게 만들다

(해설) 어진 아내는 남편을 귀하게 하고, 간악한 아내는 남편을 천하게 만든다.

이는 남편이 어진 아내를 만나느냐 간악한 아내를 만나느냐에 따라 그의 인생이 크게 달라진다는 것이다. 어진 아내의 내조로 남편이 성공한다면 귀하게 되는 것이고, 행실이 바르지 못한 아내로 인해 남편이 실패한다면 천하게 되는 것이다. 이처럼 남편의 가장 큰 재산은 어질고 현명한 아내이고 또한 아내의 가장 큰 재산은 어질고 현명한 남편이다.

家有賢妻면 夫不遭橫禍니라

(가유현처 부불조횡화)

妻(아내 처)   遭(만날 조)   橫(비낄 횡)

遭 : 만나다, ~을 당하다

집에 어진 아내가 있으면 남편은 뜻밖의 재앙을 만나지 않는다.

어질고 현명한 아내로 인해 근심 걱정이 없는 남편은 도리에 어긋나는 행동을 하지 않으니 뜻밖의 재앙을 만날 일이 없다는 뜻이다.

賢婦는 和六親하고 侫婦는 破六親이니라

(현부 화육친 영부 파육친)

和(화목할 화)   侫(간사할 녕)   親(친할 친)   破(깨뜨릴 파)

六親 : 부모, 형제, 처자를 통틀어 이르는 말. 육척(六戚)

(해설) 어진 아내는 육친을 화목하게 하고, 간악한 아내는 육친의 화목을 깨뜨린다.

이는 가정에서의 아내의 역할이 얼마나 중요한가를 깨닫게 하는 말이다. 여자로 인해 천륜의 도리마저 사라지는 경우가 종종 있다. '여자가 잘 들어와야 그 집안이 화목하다.'는 말도 있듯이 아내가 행실이 바르지 못하고 욕심이 많아 형제들 간의 다툼이 많으면 자연 그 가정의 화목은 깨지게 마련이다.

증보편
增補篇

이 편은 원래 없던 것으로, 나중에 덧붙여진 것이다

周易_에 曰 善不積_{이면} 不足以成名_{이요} 惡不

積_{이면} 不足以滅身_{이라} 小人_은 以小善爲无

益而弗爲也_{하고} 以小惡爲无傷而弗去也_{니라}

故_로 惡積而不可掩_{이요} 罪大而不可解_{니라}

(주역 왈 선부적 부족이성명 악부적 부족이멸신 소인 이소선위무익이
불위야 이소악위무상이불거야 고 악적이불가엄 죄대이불가해)

(한자풀이) 積(쌓을 적)   滅(멸망할 멸)   弗(아닐 불)   掩(가릴 엄)

(숙어풀이) 成名 : 이름을 떨치다

不可掩 : 가릴 수 없다, 없애지 못하다

不可解 : 풀 수가 없다, 이해할 수 없다

(해설) <주역>에 말하기를, "선을 쌓지 않으면 족히 이름을 이루지 못할
것이요, 악을 쌓지 않으면 족히 몸을 망치지 않는다. 소인은 작은 선은 이
익이 없다고 하여 선을 행하지 않고, 작은 악은 손상됨이 없다고 하여 버
리지 않는다. 그러므로 악이 쌓이면 가히 없애지 못할 것이요, 죄가 크면
가히 풀지 못하게 된다." 고 하였다.

작은 선행이라도 꾸준히 행한다면 명성은 자연 따라오게 마련이고, 작
은 악행이라도 계속 저지른다면 그 큰 죄로 인해 자신을 망치게 된다는
뜻이다.

履霜하면 堅氷至라하니 臣弑其君하며 子弑其

父는 非一旦一夕之事이라 其由來者漸矣니라

(이상 견빙지 신시기군 자시기부 비일단일석지사 기유래자점의)

(한자풀이) 履(밟을 리) 霜(서리 상) 堅(굳을 견) 弑(죽일 시)
         旦(아침 단) 漸(점차 점)

(숙어풀이) 履霜 : 서리를 밟다
         堅氷 : 단단한 얼음
         由來 : 그 내력(來歷)
         漸矣 : 오랜 시간 동안 이루어지다

(해설) 서리를 밟으면 단단한 얼음에 다다른다하니, 신하가 그 임금을 죽이고 자식이 그 아비를 죽이는 것이 하루아침이나 하루저녁에 이루어지는 일이 아니라 그 원인이 오래된 것이다.

신하가 임금을 죽이고 아들이 아비를 죽이는 악행이 어디 하루아침의 원한으로 생긴 일이겠는가. 오랫동안 악행을 저지르면 이렇듯 큰 죄를 짓게 되는 것이니 선행을 많이 쌓아 자신이나 후손들에게 재앙이 미치지 않도록 하라는 경고이다.

팔반가팔수
八反歌八首

이 편은 8가지 노래로, 그 뜻을 강조하기 위해 반어적으로 되어 있다
부모에게 효도할 것을 가르치고 있다

幼兒或詈我하면 我心覺懽喜하고 父母嗔怒我하면 我心反不甘이라 一喜懽一不甘하니 待兒待父心何懸고 勸君今日逢親怒어든 也應將親作兒看이니라

(유아혹이아 아심각환희 부모진노아 아심반불감 일희환일불감 대아대부심하현 권군금일봉친노 야응장친작아간)

한자풀이 幼(어릴 유)　詈(꾸짖을 리)　覺(깨달을 각)　懽(기뻐할 환)
　　　　喜(기쁠 희)　懸(현격할 현)　應(응할 응)　看(볼 간)

숙어풀이 詈 : 꾸짖다, 매도하다, 빗대어 욕하다
　　　何懸 : 어찌 이리 다른가
　　　今日 : 오늘
　　　也應 : 마땅히

해설　어린 자식이 나를 나무라면 내 마음은 기쁨을 깨닫고, 부모님이 나를 꾸짖고 화를 내시면 내 마음은 도리어 좋게 여겨지지 않는다. 하나는 기쁘고 하나는 좋지 아니하니 자식을 대하는 마음과 부모님을 대하는 마음이 어찌 이다지도 다를까. 그대에게 권하노니, 오늘 부모님에게 꾸지람을 듣거든 어린 자식에게 꾸지람을 들을 때와 같이 하라.

효자가 효자를 낳듯이 부모님 섬기기를 자식 사랑하는 것과 같이 한다면, 자식 또한 자신에게 효도를 할 것임을 말하고 있다.

兒曹出千言하되 君聽常不厭하고 父母一開口하면 便道多閑管이라 非閑管親掛牽이라 皓首白頭多諳練이라 勸君敬奉老人言하고 莫敎乳口爭長短하라

(아조출천언 군청상불염 부모일개구 변도다한관 비한관친괘견 호수백두다암련 권군경봉로인언 막교유구쟁장단)

(한자풀이) 曹(무리 조)　管(관리할 관)　掛(걸 괘)　牽(끌 견)
　　　　　皓(흴 호)　　諳(알 암)　　乳(젖 유)

(숙어풀이) 兒曹 : 아이들
　　　　　不厭 : 싫지 않다
　　　　　閑管 : 간섭하다, 잔소리
　　　　　掛牽 : 이끌어주다. 염려하다
　　　　　皓首 : 흰 머리
　　　　　諳練 : 사물과 이치에 정통하다
　　　　　乳口 : 젖 냄새나는 입

(해설) 아이들은 천 마디 말을 하되 그대는 언제나 듣기 좋아하고, 부모님이 한마디만 하여도 잔소리가 많다고 한다. 부질없는 잔소리가 아니라 부모님은 걱정이 되어 그러는 것이다. 백발노인은 아는 것이 많고 경험이 풍부하다. 그대에게 권하노니, 노인의 말을 공경하여 받들고 젖 냄새 나는 입으로 길고 짧음을 따지고 가르치려 하지 말라.

幼兒尿糞穢는 君心無厭忌로되 老親涕唾零에 反有憎嫌意니라 六尺軀來何處요 父精母血成汝體라 勸君敬待老來人하라 壯時爲爾筋骨敝니라

(유아뇨분예 군심무염기 노친체타영 반유증혐의 육척구래하처 부정모혈성여체 권군경대노래인 장시위이근골폐)

尿(오줌 뇨)　　糞(똥 분)　　　穢(더러울 예)　　涕(눈물 체)

唾(침 타)　　　零(떨어질 령)　　憎(미워할 증)　　嫌(싫어할 혐)

軀(몸 구)　　　汝(너 여)　　　爾(너 이)　　　筋(힘줄 근)

敝(해질 폐)

尿糞 : 오줌과 똥

厭忌 : 싫어하고 꺼리다

涕唾 : 눈물과 침

憎嫌 : 미워하고 싫어하다

六尺軀 : 여섯 자나 되는 몸

敬待 : 공경하고 대접하다

老來 : 늙어가다, 늘그막. 만래(晩來)

壯時 : 젊었을 때

筋骨 : 근육(살)과 뼈

해설 어린 자식의 더러운 오줌과 똥은 그대 마음에 싫어함이 없고, 늙은 부모의 눈물과 침이 떨어지는 것은 도리어 미워하고 싫어하는 기색이 있다.

여섯 자나 되는 몸이 어디서 왔는고, 아버지의 정기와 어머니의 피로 그대의 몸이 이루어진 것이다. 그대에게 권하노니, 늙어 가시는 부모님을 공경하여 대접하라. 젊었을 때 그대를 위하여 살과 뼈가 닳도록 애쓰셨다.

참으로 마음에 와 닿는 글이다. 우리는 자식의 더러운 똥과 오줌은 개의치 않으면서 늙으신 부모님의 눈물과 침은 오히려 더럽다고 생각한다.

우리의 자식들이 우리로 인해 생겨났듯이 우리들 또한 부모님의 은혜로 지금까지 잘 살아온 것이다. 그러니 우리를 위해 애쓰신 부모님을 업신여기지 말고 정성껏 모셔야 할 것이다.

看君晨入市_{하여} 買餅又買餻_{하니} 少聞供父母

_{하고} 多說供兒曹_라 親未啖兒先飽_{하니} 子心

不比親心好_라 勸君多出買餅錢_{하여} 供養白

頭光陰少_{하라}

(간군신입시 매병우매고 소문공부모 다설공아조 친미담아선포 자심불
비친심호 권군다출매병전 공양백두광음소)

(한자풀이) 晨(새벽 신) 買(살 매) 餅(떡 병) 餻(떡 고)

　　　　啖(먹을 담) 飽(배부를 포) 錢(돈 전) 陰(응달 음)

(숙어풀이) 餅 : 밀가루 떡
　　　　餻 : 쌀 떡(경단)
　　　　光陰 : 시간 또는 세월

(해설) 그대가 새벽에 시장에 들어가 떡 사는 것을 보니, 부모님께 드린
다는 말은 듣기 어렵고 자식들에게 준다는 말은 많이 한다. 부모님이 아
직 먹기도 전에 자식이 먼저 배부르다 하니, 자식의 마음은 부모님의 마
음만 못하다. 그대에게 권하노니, 떡 살 돈을 많이 내어 머리가 희어 앞날
이 얼마 남지 않으신 부모님을 잘 받들어 봉양하라.

　부모가 자식을 사랑하는 만큼 자식은 부모를 사랑하기 어렵다는 말을
실감나게 하는 글이다. 아무쪼록 우리는 늙으신 부모님을 위해 정성을 다
해 모셔야 할 것이다.

市間賣藥肆에 惟有肥兒丸하고 未有壯親者하니 何故兩般看고 兒亦病親亦病에 醫兒不比醫親症이라 割股還是親的肉러니 勸君亟保雙親命하라

(시간매약사 유유비아환 미유장친자 하고양반간 아역병친역병 의아불비의친증 할고환시친적육 권군극보쌍친명)

(한자풀이) 賣(팔 매)　　藥(약 약)　　肆(가게 사)　　肥(살찔 비)

丸(둥글 환)　　般(일반 반)　　醫(의원 의)　　症(병 증)

股(다리 고)　　亟(급할 극)　　雙(쌍 쌍)

(숙어풀이) 賣藥肆 : 약 파는 가게

何故 : 무슨 까닭(이유)

兩般 : 두 가지

亦 : 또한, 모두

割股 : 다리를 베다

還 : 도리어

雙親 : 부모, 양친(兩親)

(해설) 시장 안의 약 파는 가게에는 오직 자식을 살찌게 하는 약은 있고, 부모님을 튼튼하게 하는 약은 없으니, 무슨 까닭으로 이 두 가지를 다르게 보는고 자식이 병들고 부모님도 병들었을 때 자식의 병을 고치는 정성이 부모님의 병을 고치는 것에 비하겠는가. 다리를 베더라도 도리어 부

모님의 살이니 그대에게 권하노니, 빨리 부모님의 목숨을 극진히 보전하라.

　부모님이 병이 나시면 으레 그러려니 하고, 자식이 조금만 어디가 아파도 호들갑을 떠는 것이 우리다. 중국 한(漢)나라 때 왕상(王祥)은 병이 든 계모에게 잉어를 주기 위해 두꺼운 얼음을 자신의 체온으로 녹였다고 한다. 이렇게는 못할망정 편찮으신 부모님을 나 몰라라 하지 말고 살아계실 때 극진하게 모셔야 할 것이다.

富貴養親易로되 親常有未安하고 貧賤養兒難하되 兒不受饑寒이라 一條心兩條路에 爲兒終不如爲父라 勸君養親如養兒하고 凡事莫推家不富하라

(부귀양친이 친상유미안 빈천양아난 아불수기한 일조심양조로 위아종불여위부 권군양친여양아 범사막추가불부)

한자풀이 受(받을 수) 饑(주릴 기) 條(가지 조) 推(밀 추)

숙어풀이 未安 : 마음이 편하지 못하다
一條心 : 한 가지 마음

해설 부귀하면 부모님을 봉양하기 쉬우나 부모님은 언제나 마음이 편하지 않고, 가난하고 천하면 자식을 기르기 어려우나 자식을 배고픔과 추위에 떨게 하지 않는다. 한 가지 마음에 두 갈래 길이지만, 부모님을 위함이 끝내 자식을 위함만 못하다. 권하노니 그대는 부모님을 봉양하기를 자식을 기르듯 하고 모든 일을 집이 넉넉하지 못하다고 미루지 말 것이다.

돈이 많다고 해서 부모님을 잘 모시는 것은 아니고, 돈이 없다고 해서 자식을 굶기거나 추위에 떨게 만들지는 않는다. 이렇듯 부모와 자식을 대하는 마음이 다르다는 뜻이다. 부모님 모시기를 자식 기르듯이 하고 집이 가난하다 하여 부모님 모시는 데 소홀해서는 안 된다는 교훈이다.

養親只有二人이로되 常與兄弟爭하고 養兒雖
十人이나 君皆獨自任이라 兒飽煖親常問하되
父母饑寒不在心이라 勸君養親須竭力하라 當
初衣食被君侵이니라

(양친지유이인 상여형제쟁 양아수십인 군개독자임 아포난친상문 부모
기한부재심 권군양친수갈력 당초의식피군침)

한자풀이) 雖(비록 수) 煖(따뜻할 난) 須(모름지기 수) 竭(다할 갈)
被(입을 피) 侵(빼앗을 침)

숙어풀이) 自任 : 스스로 자기의 임무로 여기다, 자신이 책임지다
飽煖 : 배부르고 따뜻하다
竭力 : 있는 힘을 다하여 애쓰다
當初 : 애초에, 맨 처음에
被君侵 : 그대에게 빼앗겼다

해설) 부모님을 봉양함에는 다만 두 분인데 언제나 형제간에 서로 미루
어 다투고, 자식을 기름에는 비록 열 명이라도 그대 혼자 모두 맡는다. 자
식의 배부르고 따뜻함을 언제나 묻지만, 부모님의 배고프고 추운 것은 마
음에 두지 않는다. 그대에게 권하노니, 부모님을 봉양함에 모름지기 힘을
다하라. 당초에 입는 것과 먹는 것을 그대에게 빼앗겼다.

親有十分慈하되 君不念其恩하고 兒有一分孝

하되 君就揚其名이라 待親暗待兒明하니 誰識

高堂養子心하고 勸君漫信兒曹孝하라 兒曹親

子在君身이니라

(친유십분자 군불념기은 아유일분효 군취양기명 대친암대아명 수식고
당양자심 권군만신아조효 아조친자재군신)

한자풀이 慈(사랑할 자) 就(이룰 취) 揚(날릴 양) 暗(어두울 암)
誰(누구 수) 識(알 식) 漫(함부로 만)

숙어풀이 就揚 : 빛내려 하다, 자랑하다, 날리려하다
誰識 : 누가 알겠는가
高堂 : 남의 부모를 높여 이르는 말이다.
漫 : 부질없이, 함부로

해설 부모님은 지극히 그대를 사랑하나 그대는 그 은혜를 생각하지 아
니하고, 자식이 조금이라도 효도함이 있으면 그대는 그 이름을 빛내려 한
다. 부모님을 대접하는 것은 어둡고, 자식을 대하는 것은 밝으니 누가 부
모님의 자식을 기르는 마음을 알 것인고, 그대에게 권하노니, 부질없이 자
식들의 효도를 믿지 말라. 그대는 아이들의 아버지요, 부모님의 자식도 되
는 것을 알아야 한다.

효행속편
孝行續篇

이 편은 앞에 나온 효행의 속편으로,
효를 실천한 인물들을 통해 부모에게 효도할 것을 가르치고 있다

孫順이 家貧하여 與其妻로 傭作人家以養母할새 有兒每奪母食이라 順이 謂妻曰 兒奪母食하니 兒는 可得이어니와 母難再求라 하고 乃負兒하고 往歸醉山北郊하여 欲埋堀地러니 忽有甚奇石鍾이어늘 驚怪試撞之하니 舂容可愛라 妻曰 得此奇物은 殆兒之福이라 埋之不可라 하니 順이 以爲然하여 將兒與鍾還家하여 縣於樑撞之러니 王이 聞鍾聲淸遠異常하여 而覈聞其實하고 曰 昔에 郭巨埋子엔 天賜金釜러니 今孫順이 埋兒엔 地出石鍾하니 前後符同이라 하고 賜家一區하고 歲給米五十石하니라

(손순 가빈 여기처 용작인가이양모 유아매탈모식 순 위처왈 아탈모식 아 가득 모난재구 내부아 왕귀취산북교 욕매굴지 홀유심기석종 경괴 시당지 용용가애 처 왈 득차기물 태아지복 매지불가 순 이위연 장아 여종환가 현어량 당지 왕 문종성청원이상 이핵문기실 왈 석 곽거매자 천사금부 금손순 매아 지출석종 전후부동 사가일구 세급미오십석)

傭(품팔이 용)　奪(빼앗을 탈)　郊(성 밖 교)　埋(묻을 매)

堀(굴 굴)　　奇(기이할 기)　鍾(종 종)　　驚(놀랄 경)

怪(기이할 괴)　撞(칠 당)　　舂(찧을 용)　殆(위태 태)

樑(들보 량)　郭(성곽 곽)　　覈(조사할 핵)　賜(줄 사)

釜(가마 부)

傭作 : 머슴살이를 하다, 품팔이하다

每奪 : 매번 빼앗다

試撞 : 시험 삼아 두드리다

舂容 : 종소리

縣於樑 : 대들보에 매달다

符同 : 꼭 맞다

해설　손순이 집이 가난하여 그의 아내와 더불어 남의 집에서 머슴살이를 하여 어머니를 봉양하였다. 부부에게는 아이가 하나 있었는데 언제나 어머니가 드시는 것을 빼앗아 먹었다.

손순이 아내에게 말하기를,

"아이가 어머니 드실 것을 빼앗아 먹으니 안 되겠소. 아이는 또 낳으면 되지만 어머니는 다시 구하기 어려우니, 아이를 산에 갖다 묻읍시다."

마침내 아이를 업고 취산 북쪽 기슭으로 가서 묻으려고 땅을 팠더니 아주 이상한 석종이 나왔다. 놀랍고 이상하게 생각하여 시험 삼아 두드려 보니 그 울리는 소리가 아름답고 사랑스러웠다.

아내가 말하기를,

"이처럼 기이한 물건을 얻은 것은 아마도 이 아이의 복이니 땅에 묻는 것은 옳지 않습니다."

손순도 그렇게 생각하여 아이를 데리고 종을 가지고 집으로 돌아왔다. 종을 대들보에 매달고 두드리니 그 소리가 멀리 임금에게까지 이르렀다.

임금은 그 맑은 종소리가 멀리서 들려오는 것을 이상하게 여겨 그 사실을 조사하여 듣고 말하기를,

"옛날에 곽거가 아들을 묻으려 하자 하늘이 금으로 만든 솥을 내려주시더니 이제 손순이 아들을 묻으려 하자 땅에서 석종이 나왔으니 앞과 뒤가 서로 꼭 맞는다."

그리고는 집 한 채를 주시고 해마다 쌀 오십 석을 주셨다.

참고   손순(孫順) : 손순은 신라 때 사람으로 경주 손씨의 시조이다. 신라 42대 흥덕왕 때 신라 '삼기(三器)'의 하나인 돌종을 얻은 효자이다. 손순은 집 1채와 해마다 벼 50석을 받았는데, 뒤에 그는 옛집을 희사하여 홍효사(弘孝寺)라 하고 이 절에 석종을 안치하였다. 이 이야기는 <삼국유사(三國遺事)>에 실려 있다.
곽거(郭巨) : 중국 후한 때의 효자라고 한다.

尚德은 値年荒癘疫하여 父母飢病濱死라 尚
德이 日夜不解衣하고 盡誠安慰하되 無以爲
養則刲髀肉食之하고 母發癰吮之卽瘉라 王이
嘉之하여 賜賚甚厚하고 命旌其門하고 立石紀
事하니라

(상덕 치년황려역 부모기병빈사 상덕 일야불해의 진성안위 무이위양
즉규비육식지 모발옹연지즉유 왕 가지 사뢰심후 명정기문 입석기사)

한자풀이 荒(거칠 황)   癘(염병 려)   疫(염병 역)   飢(주릴 기)
　　　　　濱(끝 빈)   慰(위로할 위) 刲(벨 규)   髀(넓적다리 비)
　　　　　癰(악창 옹)   吮(빨 연)   瘉(병 나을 유)
　　　　　嘉(아름다울 가, 훌륭할 가)   賚(줄 뢰)   厚(두터울 후)
　　　　　旌(정문 정)

숙어풀이 値年荒 : 흉년을 당하다, 흉년을 만나다
　　　　　癘疫 : 염병, 전염병
　　　　　濱死 : 거의 죽게 되다, 죽음이 임박하다
　　　　　日夜 : 밤낮으로
　　　　　不解衣 : 옷을 벗지 않다
　　　　　刲髀肉 : 넓적다리 살을 베다
　　　　　發癰 : 종기가 나다
　　　　　嘉之 : 아름답게 여기다, 가상하게 여기다

賜賚 : 내려주다

旌門 : 충신이나 효자, 열녀 등을 표창하기 위하여 그의 집 앞이
　　　　나 마을 앞에 세우던 붉은 문. 작설(綽楔). 홍문(紅門)

紀事 : 일을 기록하다

(해설) 상덕은 흉년과 전염병을 당하여 부모님이 굶주리고 병이 들어 거의 돌아가실 지경이 되었다. 상덕은 밤낮으로 옷을 벗을 새도 없이 정성을 다하여 편안히 모셨다. 봉양할 것이 없으면 넓적다리 살을 베어 잡수시게 하고, 어머니가 종기가 나자 입으로 빨아서 곧 낫게 하였다. 임금께서 이 사실을 알고 가상하게 여겨 상을 아주 후하게 내려주고, 그 마을에 정려문을 세우도록 명하고 비석을 세워 그의 효행을 기록하게 하였다.

(참고) 상덕(尙德) : 신라 때 사람으로 효성이 지극하였다고 한다.

都氏家貧至孝라 賣炭買肉하여 無闕母饌이러라 一日은 於市에 晚而忙歸러니 鳶忽攫肉이어늘 都悲號至家하니 鳶旣投肉於庭이러라 一日 母病索非時之紅柹어늘 都彷徨柹林하야 不覺日昏이러니 有虎屢遮前路하고 以示乘意라 都乘至百餘里山村하야 訪人家投宿이러니 俄而主人이 饋祭飯而有紅柹라 都喜問柹之來歷하고 且述己意한대 答 曰 亡父嗜柹 故로 每秋擇柹二百個하야 藏諸窟中하여 而至此五月이면 則完者不過七八이라 今得五十個完者故로 心異之러니 是天感君孝라하고 遺以二十顆어늘 都謝出門外하니 虎尙俟伏이라 乘至家하니 曉鷄喔喔이러라 後에 母以天命으로 終에都有血淚러라

(도씨가빈지효 매탄매육 무궐모찬 일일 어시 만이망귀 연홀확육 도비호지가 연기투육어정 일일 모병색비시지홍시 도방황시림 불각일혼 유

호루차전로 이시승의 도승지백여리산촌 방인가투숙 아이주인 궤제반
이유홍시 도희문시지내력 차술기의 답 왈 망부기시 고 매추택시이백
개 장저굴중 이지차오월 즉완자불과칠팔 금득오십개완자 고 심이지
시천감군효 유이이십과 도사출문외 호상사복 승지가 효계악악 후 모
이천명 종 도유혈루)

(한자풀이) 都(도읍 도)　　炭(숯 탄)　　闕(문 궐)　　饌(반찬 찬)
忙(바쁠 망)　　鳶(솔개 연)　　庭(뜰 정)　　攫(붙잡을 확)
索(찾을 색)　　柿(감나무 시)　徨(노닐 황)　　屢(여러 루)
乘(탈 승)　　餘(남을 여)　　宿(묵을 숙)　　俄(갑자기 아)
饋(먹일 궤)　　嗜(즐길 기)　　藏(감출 장)　　顆(낟알 과)
曉(새벽 효)　　鷄(닭 계)　　喔(닭소리 악)

(숙어풀이) 賣炭買肉 : 숯을 팔아 고기를 사다
忙歸 : 바쁘게 돌아오다
悲號 : 슬프게 울다
非時 : 때가 아닌
紅柿 : 말랑말랑하게 무르익은 감. 연감, 연시
彷徨 : 정처 없이 헤매며 돌아다니다
屢遮 : 여러 번 가로막다
俄而 : 조금 있다가, 얼마 후
藏諸 : 저장하다, 간직하다
異之 : 이상하게 여기다
曉鷄喔喔 : 새벽 닭 우는 소리

해설 도씨는 집은 가난했지만 효성이 지극하였다. 숯을 팔아 고기를 사서 어머니의 반찬을 빠뜨리는 일이 없었다. 하루는 장터에서 늦어 바쁘게 돌아오는데 솔개가 갑자기 고기를 채어가 도씨가 슬피 울며 집에 돌아와서 보니, 솔개가 벌써 고기를 집안 뜰에 던져 놓았다.

하루는 어머니가 병이 나서 때 아닌 홍시를 찾거늘 도씨가 감나무 숲 속을 헤매며 방황하다 날이 저무는 것도 모르고 있었는데 호랑이가 앞길을 가로막으며 자기 등에 타라고 하는 뜻을 나타냈다. 도씨가 호랑이를 타고 백 여리나 떨어진 산마을에 이르러 어느 인가에 묵게 되었다. 얼마 후 주인이 제삿밥을 차려 주는데 홍시가 있었다. 도씨가 기뻐하며 감의 내력을 묻고 또 자신의 처지를 말했더니,

주인이 대답하여 말하기를,

"돌아가신 아버지가 감을 좋아하셔서 해마다 가을이면 감 이백 개를 골라 굴 안에 저장하였는데, 오월이 되면 상하지 않는 것이 일곱 개나 여덟 개에 불과했습니다. 그런데 이번에는 오십 개나 얻어 이에 마음속으로 이상스럽게 여겼더니 이는 곧 하늘이 그대의 효성에 감동하신 것입니다."

그리고는 감을 이십 개를 내어 주니 도씨가 감사하다는 인사를 하고 문밖에 나오니 호랑이는 아직도 누워서 그를 기다리고 있었다. 호랑이를 타고 집에 돌아오니 새벽닭이 울었다. 뒤에 어머니가 천명으로 돌아가시자 도씨는 피눈물을 흘리며 슬퍼하였다.

염의편
廉義篇

이 편은 겸양과 청렴, 의리를 강조하는 이야기가 실려 있다

印觀이 賣綿於市할새 有署調者以穀買之而

還이러니 有鳶攫其綿하야 墮印觀家어늘 印觀이

歸于署調 曰 鳶墮汝綿於吾家라 故로 還汝

하노라 署調 曰 鳶이 攫綿與汝는 天也라 吾

何爲受리오 印觀 曰 然則還汝穀하리라 署調

曰 吾與汝者市二日이니 穀已屬汝矣라 하고

二人相讓이라가 幷棄於市하니 掌市官이 以聞

王하야 竝賜爵하니라

(인관 매면어시 유서조자이곡매지이환 유연확기면 타인관가 인관 귀
우서조 왈 연타여면어오가 고 환여 서조 왈 연 확면여여 천야 오하위
수 인관 왈 연즉환여곡 서조 왈 오여여자시이일 곡이속여의 이인상양
병기어시 장시관 이문왕 병사작)

(한자풀이) 署(마을 서)　調(고를 조)　穀(곡식 곡)　還(돌아올 환)
　　　　　攫(붙잡을 확)　墮(떨어질 타)　屬(엮을 속)　讓(사양할 양)
　　　　　幷(어우를 병)　棄(버릴 기)　爵(벼슬 작)

(숙어풀이) 賣綿 : 솜을 팔다
　　　　　穀買 : 곡식을 사다
　　　　　歸于 : 돌려보내다, ~에 돌아가서

相讓 : 서로 사양하다

幷棄 : 함께 버리다

掌市官 : 시장을 담당하는 관리

(해설) 인관이 시장에서 솜을 파는데 서조라는 사람이 곡식을 주고 솜을 사 가지고 돌아갔는데, 솔개가 그 솜을 채 가지고 인관의 집에 떨어뜨렸다. 인관이 서조에게 솜을 돌려보내며 말하기를,

"솔개가 당신의 솜을 내 집에 떨어뜨려서 다시 당신에게 돌려보냅니다."

서조가 말하기를,

"솔개가 솜을 채다가 당신을 준 것은 하늘의 뜻이니 내가 어찌 받을 수 있겠소?"

인관이 말하기를,

"그렇다면 당신의 곡식을 돌려보내겠소."

서조가 말하기를,

"내가 당신에게 곡식을 주고 벌써 두 번이나 장날이 지났으니 곡식은 이미 당신 것이오."

두 사람은 서로 사양하다가 솜과 곡식을 모두 장에 버렸다. 시장을 맡아 다스리는 관원이 이 사실을 임금께 아뢰니, 임금은 두 사람에게 벼슬을 주었다.

洪者燮이 少貧甚無聊러니 一日早에 婢兒踊躍獻七兩錢하며 曰 此在鼎中하니 米可數石이요 柴可數馱니 天賜니다 公驚 曰 是何金고 卽書失金人推去等字하야 付之門楣而待러니 俄而姓劉者는 來問書意어늘 公悉言之한대 劉 曰 理無失金於人之鼎內하니 果天賜也라 盍取之닛고 公 曰 非吾物에 何오 劉俯伏 曰 小的이 昨夜에 爲窃鼎來라가 還憐家勢蕭條而施之러니 今感公之廉价하고 良心自發하야 誓不更盜하고 願欲常侍하나니 勿慮取之하소서 公卽還金 曰 汝之爲良則善矣나 金不可取라 하고 終不受러라 後에 公이 爲判書하고 其子在龍이 爲憲宗國舅하며 劉亦見信하야 身家大昌하니라

(홍기섭 소빈심무료 일일조 비아용약헌칠양전 왈 차재정중 미가수석 시가수태 천사 공경 왈 시하금 즉서실금인추거등자 부지문미이대 아

이성유자 래문서의 공실언지 유 왈 이무실금어인지정내 과천사야 합
취지 공 왈 비오물 하 유부복 왈 소적 작야 위절정래 환련가세소조이
시지 금감공지염개 양심자발 서불갱도 원욕상시 물려취지 공즉환금
왈 여지위량즉선의 금불가취 종불수 후 공 위판서 기자재룡 위헌종국
구 유역견신 신가대창)

한자풀이 夔(조심할 기)   爕(불꽃 섭)   料(헤아릴 료)   早(새벽 조)

踊(뛸 용)   躍(뛸 약)   獻(바칠 헌)   鼎(솥 정)

柴(섶 시)   馱(탈 태)   驚(놀랄 경)   楣(문미 미)

等(가지런할 등) 悉(다 실)   盍(덮을 합)   俯(구부릴 부)

伏(엎드릴 복)   昨(어제 작)   竊(훔칠 절)   還(도리어 환)

勢(기세 세)   价(착할 개)   憐(불쌍히 여길 련)

誓(맹세할 서)   龍(용 룡)   舅(장인 구)

昌(창성할 창)   蕭(쓸쓸할 소)

숙어풀이 無聊 : 의지할 데 없이

婢兒 : 어린 계집종

踊躍 : 기쁘거나 좋아서 뛰다

馱 : 바리(소나 말 따위의 등에 잔뜩 실은 짐을 세는 말)

天賜 : 하늘이 주신 것

推去 : 찾아서 가져가다

門楣 : 문 위에 가로 댄 나무

盍 : 어찌 ~ 하지 아니하는가

俯伏 : 고개를 숙이고 엎드리다

昨夜 : 어젯밤

蕭條 : 호젓하고 쓸쓸하다. 소적(蕭寂)

國舅 : 왕비의 아버지. 부원군

(해설) 홍기섭이 어린 시절 의지할 데 없이 가난하였다. 하루는 이른 아침에 어린 계집종이 기뻐 날뛰며 돈 일곱 냥을 보여 드리며 말하기를,

"이 돈이 솥 안에 있었습니다. 이만하면 쌀이 몇 섬이요, 나무가 몇 바리 어치입니다. 참으로 하늘이 주신 것입니다."

공이 놀라서 말하기를,

"이것이 어찌된 돈인고?"하고는 '돈 잃은 사람은 와서 찾아가라'는 글을 써서 대문 위에 붙였다. 이윽고 얼마 후 유씨라는 사람이 찾아와 글 뜻을 물었다. 공은 하나도 빠짐없이 사실대로 말해 주었다. 유씨가 말하기를,

"남의 솥 안에 돈을 잃어버릴 사람이 있을 리가 없습니다. 진실로 하늘이 주신 것인데 왜 갖지 않으시는 것입니까?"

공이 말하기를,

"내것이 아닌데 어찌 가지겠습니까."

유씨가 꿇어 엎드리며 말했다.

"소인이 어젯밤 솥을 훔치러 왔다가 도리어 가세가 너무 쓸쓸한 것을 불쌍히 여겨 이것을 놓고 돌아갔더니, 지금 공의 청렴하심에 감동하여 제 양심이 스스로 일어나 다시는 도둑질을 하지 않을 것을 맹세하옵고, 항상 옆에서 모시기를 원하오니, 걱정 마시고 이 돈을 받아두십시오."

공이 돈을 돌려주며 말하기를,

"당신이 착한 사람이 된 것은 참으로 좋은 일이나 그래도 이 돈은 가질 수 없소." 하고 끝끝내 받지 않았다.

뒤에 공은 판서가 되고, 그의 아들 재룡이 헌종의 장인이 되었으며, 유씨도 신임을 얻어 자신과 집안이 크게 번창하였다.

高句麗平原王之女 幼時에 好啼러니 王戲
曰 以汝로 將歸愚溫達하리라 及長에 欲下嫁
于上部高氏한대 女以王不可食言으로 固辭하
고 終爲溫達之妻하다 蓋溫達이 家貧하야 行
乞養母러니 時人이 目爲愚溫達也러라 一日은
溫達自山中으로 負楡皮而來하니 王女訪見
曰 吾乃子之匹也라 하고 乃賣首飾而買田宅
器物하야 頗富하고 多養馬以資溫達하야 終爲
顯榮하니라

(고구려평원왕지녀 유시 호제 왕희 왈 이여 장귀우온달 급장 욕하가
우상부고씨 여이왕불가식언 고사 종위온달지처 개온달 가빈 행걸양모
시인 목위우온달야 일일 온달 자산중 부유피이래 왕녀방견 왈 오내자
지필야 내매수식이매전택기물 파부 다양마이자온달 종위현영)

<한자풀이> 麗(고울 려)　　啼(울 제)　　戲(희롱할 희)　　嫁(시집갈 가)
部(거느릴 부)　　辭(말 사)　　蓋(덮을 개)　　乞(빌 걸)
楡(느릅나무 유)　　飾(꾸밀 식)　　器(그릇 기)　　頗(자못 파)
顯(영달할 현)　　榮(영달 영)

食言 : 약속한 말을 지키지 않는 것

行乞 : 구걸하러 다니다

楡皮 : 느릅나무 껍질

首飾 : 여자의 머리에 꽂는 장식품

頗 : 자못, 몹시, 매우

顯榮 : 이름이 높고 영화롭다

(해설) 고구려 평원왕의 딸이 어렸을 때 울기를 잘하였다. 임금이 놀리려고 말하기를,

"너는 장차 어리석은 바보 온달에게 시집보내리라."

자라나서 임금이 상부 고씨에게 시집을 보내려고 하자 딸이 임금으로서 식언하는 것은 옳지 않다 하여 굳이 사양하고 마침내 온달의 아내가 되었다. 온달은 집이 가난하여 구걸을 하며 어머니를 봉양하였는데, 당시 사람들은 온달을 보고 바보 온달이라고 하였다. 하루는 온달이 산에서 느티나무 껍질을 짊어지고 집으로 돌아와 보니 공주가 찾아와서 말하기를,

"제가 바로 그대의 아내입니다." 하였다.

공주는 자신의 장식품을 팔아 밭과 집과 여러 살림살이를 장만하여 매우 넉넉하게 되고, 말을 많이 길러서 온달을 도와 마침내 이름을 드날리고 영화롭게 하였다.

권학편
勸學篇

이 편은 시간을 아껴 열심히 배울 것을 가르치고 있다

朱子 曰 勿謂今日不學而有來日하며 勿謂
今年不學而有來年하라 日月逝矣나 歲不我
延이니 嗚呼老矣라 是誰之愆고

(주자 왈 물위금일불학이유내일 물위금년불학이유내년 일월서의 세불
아연 오호노의 시수지건)

한자풀이 謂(이를 위) 逝(갈 서) 延(끌 연, 뻗을 연) 嗚(슬플 오)
呼(슬플 호, 부를 호)   愆(허물 건)

숙어풀이 勿謂 : ~라고 말하지 말라
今日 : 오늘
日月 : 해와 달, '세월'을 이르는 말
逝矣 : 흘러가다, 지나가다

해설 주자가 말하기를, "오늘 배우지 아니 하고서 내일이 있다고 말하지
말며, 올해에 배우지 아니 하고서 내년이 있다고 말하지 말라. 해와 달은
지나가고 세월은 나를 위해서 더디 가지 않는다. 아아, 늙었구나. 누구의
허물인가." 고 하였다.

少年은 易老學難成하니 一寸光陰不可輕이라

未覺池塘 春草夢인대 階前梧葉 已秋聲이라

(소년이노학난성 일촌광음불가경 미각지당춘초몽 계전오엽이추성)

<u>한자풀이</u> 輕(가벼울 경)　　池(못 지)　　塘(못 당)　　階(섬돌 계)

梧(오동나무 오)　　葉(잎 엽)　　聲(소리 성)

<u>숙어풀이</u> 一寸光陰 : 아주 짧은 시간. 촌각(寸刻)

池塘 : 연못

未覺 : 아직 깨어나지 못하다

梧葉 : 오동나무 잎

秋聲 : 가을의 소리

<u>해설</u> 소년은 늙기 쉽고 학문은 이루기 어렵다. 짧은 시간이라도 가벼이 여기지 말라. 아직 연못가의 봄풀은 꿈에서 깨어나지 못했는데 어느덧 세월은 빨리 흘러 앞뜰의 오동나무는 벌써 가을 소리를 낸다.

陶淵明 詩에 云 盛年은 不重來하고 一日은

難再晨이니 及時當勉勵하라 歲月不待人이니라

(도연명 시 운 성년 부중래 일일 난재신 급시당면려 세월부대인)

(한자풀이) 陶(질그릇 도)   淵(못 연)   晨(새벽 신)   勉(힘쓸 면)

勵(힘쓸 려)   待(기다릴 대)

(숙어풀이) 盛年 : 혈기 왕성한 한창 때

不重來 : 거듭 오지 않는다

難再晨 : 새벽이 두 번 오지 않는다

勉勵 : 힘써 하다

(해설) 도연명의 시에 이르기를, "젊음은 두 번 다시 오지 않고 하루에 새벽도 두 번 오지 않는다네. 젊었을 때 마땅히 학문에 힘써라. 세월은 사람을 기다리지 않는다." 고 하였다.

(참고) 도연명(陶淵明) : 중국 동진(東晋)과 송나라 때 시인으로, 이름은 잠(潛), 자는 원량(元亮) 또는 연명, 호는 오류선생(五柳先生)이다. "나는 다섯 말의 녹봉 때문에 향리의 소인(小人)에게 허리를 굽힐 수 없다"라는 한 마디를 남기고 전원으로 돌아가는 심경을 토로한 것이 그 유명한 <귀거래사(歸去來辭)>이다. 그의 시는 현재 사언시(四言詩) 9수, 오언시 120여 수가 전해지고 있는데, 내용을 보면 전원에서의 평화로운 생활과 귀족적 생활에서 풍겨 나오는 여유보다는 어두운 현실을 풍자하고 민간생활 자체를 묘사한 것이 대부분이다. 주요 작품으로는 <귀거래사>, <오류선생전>, <도화원기> 등이 있다.

荀子 曰 不積蹞步면 無以至千里요 不積小
流면 無以成江河니라

(순자 왈 부적규보 무이지천리 부적소류 무이성강하)

<u>한자풀이</u> 積(쌓을 적)   蹞(반걸음 규)   步(걸음 보)   流(흐를 류)
河(강 이름 하)

<u>숙어풀이</u> 不積 : 쌓지 않다(꾸준히 걷지 않는다)
蹞步 : 반걸음

<u>해설</u> 순자가 말하기를, "반걸음도 쌓지 않으면 천 리에 이르지 못할 것
이요, 작은 물줄기가 모이지 않으면 강과 바다를 이루지 못할 것이다." 고
하였다.

명심보감

초판 1쇄 발행 2005년 7월 30일
2판 1쇄 발행 2019년 12월 15일
3판 1쇄 발행 2023년 1월 5일
엮은이 추적
옮긴이 이상호
펴낸이 배태수 ___펴낸곳 신라출판사
등록 1975년 5월 23일
전화 032)341-1289___팩스 02)6935-1285
주소 경기 부천시 소사구 범안로 95번길 32

ISBN 978-89-7244-158-8   03140